Hauptstadt der DDR, Berlin. Stadtzentrum

Messestadt Leipzig

Schwerin ▷

Luftbildfotografie
Lothar Willmann
Text Werner Rietdorf
Horst Baeseler

Gondrom

Im Flug über die DDR

Perleberg

Wartburg

Hafflandschaft ▷

UNSERE

WELT VON OBEN ZU SEHEN GEHÖRTE SCHON seit alten Zeiten zu unseren Wunschträumen und Sehnsüchten. Es dem Vogel gleich zu tun, ihm in seinem Flug vom herbstlichen Norden in den freundlichen Süden zu folgen, Flüsse und Seen, Berge und Schluchten mühelos zu überwinden, sich in luftige Höhen zu erheben, um Trockenheit und Dürre, Überflutung oder Feuer zu entfliehen – dieser Gedanke belebte schon die Phantasien, Mythen und Sagen der Menschen, als man noch weit davon entfernt war, auch nur die wichtigsten Voraussetzungen zur Verwirklichung eines solchen Gedankens zu beherrschen. So endeten sie denn auch meistens tragisch, diese ersten »Flugpioniere« der Menschheit: der attische Bildhauerssohn Ikarus mit seinen Flügeln aus Federn und Wachs; der König Etana aus Mesopotamien, der der Sage nach auf einem Adler in den Himmel fliegen wollte; der persische Schah Kaikaus, der sich gleich von mehreren Greifen in die Luft tragen ließ; der germanische Sagenheld Wieland, der Schmied, mit seinen muskelkraftgetriebenen Flügeln; der Perser Al Gabari, der sich um das Jahr 1000 mit einfachen Brettern von einer Moschee in die Höhe erheben wollte; Bertolt Brecht's Schneider von Ulm (1592), dessen mißglückten Flugversuch vom Kirchendach der Bischof borniert und schadenfroh kommentierte; und viele andere, die im 17. und 18. Jahrhundert in Italien, Frankreich, Deutschland, Rußland, England und Holland von der »fixen Idee« des Fliegens besessen waren.

»Es ist mit mathematischer Schärfe bewiesen, daß es dem Menschen ganz unmöglich ist, sich in die Lüfte zu erheben und darin zu halten. . . . Nur ein unwissender Narr kann auf die Verwirklichung so phantastischer Ideen hoffen«, schrieb der französische Astronom Lalande, Mitglied der Akademie der Wissenschaften in Paris, noch im Jahre 1782. Und doch war zu dieser Zeit das Tor, das der Menschheit den Himmel erschließen sollte, schon fast geöffnet. Am 27. August 1783 stieg in Paris der von Jacques-Aléxandre César Charles und den Brüdern Robert gebaute erste unbemannte Wasserstoffballon auf. Am 19. September 1783 wurden von Versailles aus ein Schaf, ein Hahn und eine Ente an einem Heißluftballon der Brüder Etienne und Joseph Montgolfier auf eine achtminütige Luftreise geschickt (wer denkt da nicht an die sowjetische Kosmos-Hündin Laika, die 1957 als »Testkosmonaut« ihre Reise in das Weltall antrat?). Am 21. November 1783 schließlich erhoben sich aus dem Park des Jagdschlosses Muette im Bois de Boulogne zum erstenmal in der Geschichte der Menschheit zwei Menschen zu einer freien Luftfahrt, die sie etwa fünfundzwanzig Minuten lang über die Innenstadt von Paris führte. Mit diesem spektakulären Erfolg war der Durchbruch gelungen, und kein Geringerer als Goethe schwärmte später noch lange von dieser Epoche: »Wer die Entdeckung der Luftballone miterlebt hat, wird ein Zeugnis geben, welche Weltbewegung daraus entstand, welcher Anteil die Luftschiffer begleitete, welche Sehnsucht in so viel tausend Gemütern hervordrang, an solchen längst vorausgesetzten, immer geglaubten und immer unglaublichen gefahrvollen Wanderungen teilzunehmen, wie frisch und umständlich jeder einzelne glückliche Versuch die Zeitungen füllte, zu Tagesheften und Kupfern Anlaß gab, welchen zarten Anteil man an den unglücklichen Opfern solcher Versuche genommen.«

Gestützt auf bedeutende gesellschaftliche Veränderungen und eine Vielzahl von wissenschaftlich-technischen Erkenntnissen, Entdeckungen und Erfahrungen, hat sich die Luftfahrt in den vergangenen zweihundert Jahren in zunächst unvorstellbarem Maße entwickelt: 1849 Alpenüberquerung im Freiballon, 1852 erstes Luftschiff mit Dampfmaschinenantrieb, 1872 Luftschiff mit Gasmotor und Luftschraube, 1883 Luftschiff mit Elektromotoren, 1891–1896 Gleitflug-Experimente von Otto Lilienthal, 1900–1903 Gleitflüge der Brüder Wright, 1903 erster Motorflug der Brüder Wright, 1908 erster Passagierflug in Europa, 1909 erste Überquerung des Ärmelkanals im Motorflugzeug, 1919 Überquerung des Atlantischen Ozeans, 1924 erster Flug eines Hubschraubers über ein Kilometer Entfernung, 1937 erster Flug eines Hubschraubers in mehr als tausend Meter Höhe und mit mehr als hundert Stundenkilometer Geschwindigkeit, 1939 erstes Flugzeug mit Strahltriebwerk, 1942 sowjetisches Raketenflugzeug mit Flüssigkeitsantrieb, 1947 Überschreiten der Schallgeschwindigkeit, 1955 Erstflug einer TU-104, 1968 Flug des ersten Überschallverkehrsflugzeuges der Welt, der sowjetischen TU-144. Parallel zur Weiterentwicklung und Vervollkommnung der Flugzeuge und Fluggeräte selbst vollzog sich besonders in den letzten drei Jahrzehnten aber auch eine stürmische Entwicklung auf dem Gebiet der Flugsicherheit und -kontrolle, der Funk- und Nachrichtentechnik, der Meteorologie und der Ökologie. Fragen der Wirtschaftlichkeit des Flugverkehrs gewannen an Bedeutung. Flugzeuge und Hubschrauber hielten Einzug in Fachgebiete, die ihnen noch vor fünfzig Jahren völlig fremd waren: Land- und Forstwirtschaft, Küstenschutz, Industrie- und Verkehrsbau, Reparaturtechnik, Verkehrskontrolle, Bergrettungsdienst, Dringliche Medizinische Hilfe und andere. Das Fliegen ist heute für viele Menschen schon etwas durchaus Selbstverständliches, allgemein Notwendiges und fast Alltägliches geworden. Und dennoch: haben wir nicht immer wieder so ein merkwürdiges Erwartungsgefühl, wenn wir auf einem Flugfeld in eine der großen startbereiten Maschinen steigen; gibt es nicht immer wieder ein Gedränge um die »schönsten Fensterplätze«, und sieht man nicht nach einem Schönwetterflug mit phantastischem Ausblick, wieder gelandet, manches in unserer Umgebung »mit anderen Augen« an? Es gibt ihn also noch immer, auch für erfahrene Fluggäste, den Reiz, die »Welt von oben« zu sehen und zu erleben!

Die »Welt von oben« bildlich darzustellen, hat die Menschen schon interessiert, als sie technisch noch weit davon entfernt waren, solche Bilder original herzustellen. So waren die in Reisebeschreibungen und militärtechnischen Veröffentlichungen des 16. bis 18. Jahrhunderts enthaltenen »Vogelperspektiven« keine Abbilder selbsterlebter Raumeindrücke, sondern mit mathematisch-technischen Hilfsmitteln und meist großem Kunstverstand konstruierte Perspektiven mit beliebig gewählten Fluchtpunkten, oftmals mehr aus einem sachlich-technischen Anliegen entwickelt als aus unmittelbar künstlerischem Anspruch. Lange vor der Erfindung der Fotografie angewandt, waren solche Zeichnungen – denken wir nur an die eindrucksvollen Stadtansichten Merian's – die wohl sinnvollste Darstellungsform für größere räumliche Zusammenhänge, für Stadt- und Landschaftsstrukturen, für typische Straßen- und Platzsituationen.

Mit der Herstellung der ersten auf fotochemischem Wege entstandenen haltbaren Lichtbilder durch Daguerre im Jahre 1837, den sogenannten Daguerreotypien, waren jedoch prinzipiell völlig neue Möglichkeiten, auch für solche Bedürfnisse, geschaffen. Erste Bemühungen, mit den damals noch sehr umständlichen und aufwendigen fotografischen Verfahren Aufnahmen von hoch gelegenen Standpunkten aus anzufertigen, erfolgten bereits in den Jahren 1850 bis 1865 (Hermann Krone in Dresden, Auguste Bisson in den französischen Alpen). Die Idee, aus der Luft zu fotografieren, wurde zwar auch schon 1839, im Jahr der Veröffentlichung des fotografischen Verfahrens von Nièpce und Daguerre, entwickelt, mußte aber wegen der damals noch erforderlichen minutenlangen Belichtungszeiten und anderer technischer Umständlichkeiten Phantasie bleiben.

Aber schon neunzehn Jahre später, 1858, ließ der französische Luftfahrer, Fotograf, Schriftsteller und Zeichner Gaspard Felix Tournachon, genannt Nadar, eine von ihm erfundene Luftbildaufnahmetechnik patentieren, mit der er im Folgejahr erste praktische Versuche durchführte. Seine Patentschrift vom 23. Oktober 1858 nannte als Nutzen des neuen Verfahrens die Anfertigung topographischer Karten sowie die Möglichkeit, strategische Operationen zu lenken und Aufnahmen von Befestigungen zu erhalten. Für seine Versuchsfotos benutzte Nadar das sogenannte nasse Kollodiumverfahren, bei dem die Fotoplatten erst kurz vor der Aufnahme mit einer lichtempfindlichen Schicht versehen werden mußten – ein Vorgang, der sich innerhalb der zu einer Dunkelkammer umgebauten Ballongondel in nicht eben bequemer Stellung vollzog. Aber immerhin waren die Häuser und Straßen des Dorfes Petit Bicetre, dem diese ersten Aufnahmen aus einer Ballongondel galten, durchaus zu erkennen. In späterer Zeit machte Nadar Aufnahmen von Paris aus Höhen bis zu fünfhundert Metern. Erste Ballonfotos in Amerika entstanden 1860 durch Black und King in Boston.

Mit diesen Unternehmungen hatten die dazumal noch junge Luftfahrt und die noch jüngere Fotografie zu einer Verbindung gefunden, die sich in der Folgezeit als außerordentlich bedeutsam erweisen sollte. Das dokumentarische Luftbild war geschaffen. Abgesehen von seiner militärischen Anwendung – erste Nachrichten davon datieren ebenfalls schon um 1860/1862 –, diente es zunächst vorrangig der Illustration außergewöhnlicher Reisebeschreibungen. So fertigte der Ballonfahrer Eduard Schweizer, der sich Kapitän Spelterini nannte, bei seinen mehrfachen Alpen-Überquerungen zwischen 1898 und 1913 zahlreiche Luftbilder von hohem wissenschaftlichen Wert an. Für seine Arbeit benutzte er bereits weiterentwickelte, höherempfindliche Trockenplatten in den Aufnahmeformaten 13×18 cm und 18×24 cm. Zu nennen wären hier auch die großartigen Luftbildaufnahmen, die Gebhard Guyer bei der Alpenüberquerung des Ballons „Cognac" im Jahre 1908 aufgenommen hatte und die insbesondere für die Vorbereitung von Bergbesteigungen einen hohen Wert erlangten. Zu den großes Aufsehen erregenden Flugunternehmungen der damaligen Zeit zählt schließlich

Kaspar Merian (nach Matthäus Merian): Erfurt im 17. Jahrhundert

auch der mißglückte Versuch des schwedischen Ingenieurs Salomon August Andreé, im Juli 1897 mit Hilfe eines Ballons den Nordpol zu überfliegen. Die aus drei Männern bestehende Mannschaft kam nach dem Scheitern des Fluges, etwa achthundert Kilometer vom Pol entfernt, auf dem beschwerlichen Rückmarsch nach Spitzbergen um. Die fotografischen Aufnahmen, die die Ballonfahrer gemacht hatten, wurden dreiunddreißig Jahre später, unter Schnee und Eis vergraben, aufgefunden. Sie konnten noch zu brauchbaren Bildern entwickelt und ausgewertet werden.

Zu Anfang unseres Jahrhunderts erhielt die damals noch relativ junge Luftbildfotografie durch eine Reihe bemerkenswerter Entdeckungen und Erfindungen neue wesentliche Impulse. Im Jahre 1906 fertigte Professor Dr. Adolph Miethe aus einem in vierhundertfünfzig Meter Höhe schwebenden Ballon die ersten farbigen Luftbildaufnahmen an, damals noch nach dem sogenannten Farbauszugsverfahren, also mit drei gleichzeitig belichteten Schwarzweißplatten hinter entsprechenden Farbfiltern, bei einer Belichtungszeit von nur einer Zehntelsekunde. Im gleichen Jahr konstruierte Theodor Scheimpflug das erste Gerät zur Entzerrung von Luftbildaufnahmen. Damit war der Weg bereitet für eine breite Anwendung des Luftbildes in der Geodäsie und Kartographie. Eine neue Spezialrichtung der Fotografie war entstanden: die Aerofotogrammetrie, die Anfertigung kartographischer Materialien auf rein fotografischem Wege.

Fungierte bis in die ersten Jahre unseres Jahrhunderts hinein noch ausschließlich der Ballon als Träger der fotografischen Ausrüstung, so wurde dieser ab etwa 1910 in zunehmendem Maße vom inzwischen herangereiften motorgetriebenen Flugzeug abgelöst. Bereits im Juni 1910 belegten die französischen Piloten Fréquant und Marconnet ihren einhundertfünfundvierzig Kilometer langen Rekordflug durch eine Serie von Luftaufnahmen. Wenige Jahre später, im ersten Weltkrieg, wurden Luftbilder für militärische Zwecke verwendet. Zu den Kuriositäten dieser Zeit zählen die Aufnahmen, die der Amerikaner William A. Eddy mit Hilfe einer Kamera anfertigte, die von acht Drachen auf dreihundert Meter Höhe gebracht wurde, sowie die Versuche mit der Brieftaubenfotografie, die der Apotheker Dr. Neubronner aus Cronberg im Taunus im Jahre 1908 anstellte. Seine fünfzig Gramm schwere Brieftaubenkamera, die der Taube vor die Brust geschnallt und über ein Langzeit-Vorlaufwerk ausgelöst wurde, ergab Bilder von 3×8 cm Größe. 1912 konnte man eine derartige Kamera im Handel kaufen. Erste Luftbildaufnahmen von einer Rakete aus entstanden 1907 nach dem Patent des Dresdener Ingenieurs Alfred Maul.

Mit der Entstehung der Aerofotogrammetrie im ersten Jahrzehnt unseres Jahrhunderts und ihrer schrittweisen Vervollkommnung entwickelte sich das Luftbild immer mehr zu einem spezifischen, wissenschaftlich soliden und preisgünstigen Arbeitsmittel für viele Zweige der Wirtschaft: Regional- und Stadtplanung, Geologie, Land- und Forstwirtschaft, Verkehrs- und Bauwesen, Schiffahrt, Wasserwirtschaft und anderes mehr. Es entstanden neue und weiterentwickelte Verfahren zur Aufnahme, Verarbeitung und Auswertung der Bilder. Mit der allgemeinen Vervollkommnung der Fotografie hielten neue Filmsorten, optische Systeme und Aufnahmemethoden Einzug in die Luftbildfotografie. Die Anwendung von Infrarot- und Farbinfrarotmaterialien, Falschfarbentechniken und Multispektralaufnahmen — letztere sind bei uns in den vergangenen Jahren im Zusammenhang mit der vom VEB Carl Zeiss JENA gebauten MKF-6 und ihrer Einbeziehung in das Sojus-Arbeitsprogramm bekannt geworden — hat dem Luftbild wie auch dem später nach dem gleichen Prinzip arbeitenden Satellitenfoto zahlreiche neue Arbeitsgebiete erschlossen. Denken wir nur an die Erkundung von Bodenschätzen, die Erforschung unwegsamer Regionen und schwerzugänglicher landschaftlicher Bereiche im Hochgebirge und in den Tropen, in Wüsten- und Gletscherzonen, an die Erfassung der Vegetation in der Land- und Forstwirtschaft, die Erkennung der Pflanzenarten, ihres Reife- und Wachstumszustandes, an die Erforschung ökologischer Zusammenhänge, an den Verkehrs- und Straßenbau, die Gewässerkunde, Wasserwirtschaft und Ozeanographie, an den Küstenschutz, den Schutz vor drohenden Naturkatastrophen und andere Aufgaben. Technisch gesehen handelt es sich bei derartigen Anwendungsgebieten vor allem bzw. fast ausschließlich um sogenannte Senkrecht-Luftbildaufnahmen, die anhand der Aufnahmekoordinaten und -zeiten wissenschaftlich exakt auswertbar sind, die aneinander montiert oder überdeckt werden können. Je größer die Aufnahmeentfernung ist, je leistungsfähiger die fotografische Auflösung und je kürzer die Zeitabstände zwischen einzelnen Aufnahmen, desto größer ist in der Regel der erreichbare wissenschaftliche und wirtschaftliche Effekt.

Luftbilder sind aber durchaus nicht nur nutzbringende Arbeitsmittel für Kartographen und andere Spezialisten. Das »schöne Luftbild«, meist aus Höhen zwischen fünfzig und tausend Metern aufgenommen und als sogenannte Schrägaufnahme leichter zugänglich für die Öffentlichkeit als die exakte Senkrechtaufnahme, strahlt einen geradezu elementaren, unwiderstehlichen Reiz auf den Betrachter aus. Der Blick von oben auf eine uns täglich vertraute Umwelt—auf Städte und Siedlungen, Landschaften und Verkehrswege—fasziniert durch die Weite des Einblicks, legt nie gesehene Zusammenhänge und Strukturen bloß, erschließt dem aufmerksamen Beobachter neue Dimensionen und gibt ihm Einsichten in großräumige, langfristige Entwicklungen und Veränderungen der Umwelt. Der Blick von oben ist dabei nur technisch gesehen das Werk eines Augenblicks — in Wahrheit verbindet sich in ihm der Rückblick auf eine vergangene Entwicklung, die ihre baulichen oder landschaftlichen Zeugen hinterlassen hat, mit der Sicht auf das Gegenwärtige und dem Ausblick auf Werdendes. Das Werk von Generationen, von »guten« und »weniger guten« Zeiten, das Ergebnis furchtbarer kriegerischer Zerstörung und zähen Wiederaufbaus — im Luftbild fügt es sich zusammen zu einem Ganzen, beeindrukkend, spannungsvoll, nicht selten auch noch widersprüchlich, unausgewogen, im Werden befindlich. Im Luftbild liegt unsere Welt offen und einladend vor uns. Luftbilder mahnen zum Frieden, zu seinem Schutz und seiner Verteidigung.

Das »schöne Luftbild« kann vieles vermitteln, was sich aus der Normalperspektive des Alltags nur durch mehrere, oft nur sehr viele Einzelaufnahmen erfassen und darstellen läßt: die Vielgestaltigkeit und Belebtheit einer Landschaft, den Kampf der Naturgewalten Wasser und Wind, den ständigen »Stoffwechselprozeß« des Menschen mit der Natur, das Eindringen der Siedlungskörper, Dörfer und Städte in ihre Umgebung, die gewaltigen Maßstäbe der modernen Produktion, die Gefahren und Probleme der Umweltbelastung, die Bemühungen um eine harmonische Verbindung des Neuen mit dem Vorhandenen. Das Luftbild zeigt unbestechlich und ungeschminkt, was bereits gelungen ist und wo es noch Probleme zu lösen gilt. Luftbilder, im Abstand mehrerer Jahre aus vergleichbarer Sicht aufgenommen, sind einzigartige Dokumente für den jeweils erreichten Entwicklungsstand. Sie geben dem Betrachter ein Gefühl für die Größe der Veränderungen, die sich in seiner Zeit vollziehen, und zeigen dem Planenden, wie sich aus vielen Details schrittweise das Ganze gestaltet. Es ist kein Zufall, daß Stadtplaner und Architekten, Landschaftsarchitekten und Verkehrsplaner schon seit jeher ein besonderes Interesse am Luftbild haben. Für sie ist es Arbeitsmittel und Dokument zugleich, Anerkennung und Kritik, Maßstab für die Bewertung des Erreichten und Hinweis auf anstehende künftige Aufgaben. Wer einmal erlebt, mit welch innerer Aufregung, mit welcher Neugier und Spannung ein Stadtarchitekt zum erstenmal »seine Stadt« aus der Vogelperspektive kennenlernt, wird das so schnell nicht vergessen. Was man schon lange als Gipsmodell auf dem Arbeitstisch stehen hatte, nun plötzlich als Wirklichkeit unter sich zu sehen — ein großartiges Erlebnis! Und nach einer solchen Sicht von oben? Die Last der Verantwortung scheint noch mehr gewachsen zu sein. Die Notwendigkeit, künftig in noch größeren komplexen Zusammenhängen zu denken und zu planen, ist deutlich geworden.

Die Aufgaben der Zukunft haben an Klarheit gewonnen. Das kann das Luftbild: Verantwortung vermitteln – Verantwortung, die vor den Kommunalpolitikern, Stadt- und Landschaftsplanern steht, vor Industrie- und Verkehrsplanern, Land- und Forstwirtschaftsexperten, Umweltschutzspezialisten und Ökonomen; Verantwortung schließlich, die wir alle vor der Zukunft und vor künftigen Generationen haben.

Das »schöne Luftbild« kann aber in vielen Fällen auch nur einfach »schön« sein: angenehm in seiner Bild-Komposition, in der Harmonie seiner Farben und Formen, im Wechselspiel seiner Bildstrukturen. Schön in der »Verfremdung« des Bekannten und in der »Verzauberung« des Alltäglichen. Es gibt Luftbilder von Landschaften, die an mikroskopische Detailaufnahmen oder an Makrofotos erinnern. Und es gibt mikroskopische Aufnahmen aus der Biologie oder Geologie, die wie Luftbilder von Landschaften anmuten. Mikrokosmos und Makrokosmos erscheinen austauschbar – aber wirken denn nicht in der Materie tatsächlich gleiche oder ähnliche Gesetze? Wenn manche Luftbilder an Kunstwerke aus Vergangenheit und Gegenwart erinnern, ist das nur Zufall oder stecken dahinter vergleichbare Formzusammenhänge? Die Faltung eines Gebirges – folgt sie nicht ähnlichen Gesetzen wie die Gewandfalten in einem mittelalterlichen Kunstwerk? Das Ineinanderdringen von Farben an einer Flußmündung – ist es nicht dasselbe, was wir bei einem Aquarell eines berühmten Malers bewundern? Die von Sturm und Brandung angegriffene Felslandschaft – gleicht sie nicht der Oberfläche einer sensibel gestalteten Steinplastik eines Bildhauers? Wenn Luftbilder auch in einer solchen oder ähnlichen Weise zum Nachdenken anregen und Emotionen beim Betrachter auslösen, Assoziationen hervorrufen, zu Reflexionen auffordern, soll das kein Fehler sein. Die Erkenntnisse über die Welt, in der wir leben, vermitteln sich uns auf vielfältige Art.

Die Luftbilder aus der Deutschen Demokratischen Republik, die in diesem Band zusammengestellt wurden, entstanden zum großen Teil in den letzten zehn Jahren im Auftrag des Instituts für Städtebau und Architektur der Bauakademie der DDR und im Zusammenhang mit langfristigen Forschungsarbeiten zur sozialistischen Entwicklung und Umgestaltung unserer Städte und Siedlungszentren sowie städtischer Teilgebiete und stadtnaher Erholungsgebiete. Autor der Bilder ist Lothar Willmann, ein erfahrener Fotoreporter, Mitarbeiter der »Freien Welt« und Schöpfer mehrerer Bildbände, zugleich wohl der versierteste Luftbildfotograf unseres

Ansicht von Leipzig, 1665
(nach einem Stich
von Andreas Bretschneider 1614/15)

Landes. Die zahlreichen Luftbilder aus allen Teilen der Deutschen Demokratischen Republik, die in den vergangenen Jahren für das Institut für Städtebau und Architektur angefertigt wurden, dienen in erster Linie dokumentarischen, wissenschaftlichen Zwecken. Für das vorliegende Buch konnte verständlicherweise nur eine begrenzte Anzahl als Querschnitt ausgewählt werden. Dabei war es unsere Absicht, anhand der getroffenen Auswahl möglichst einen Einblick zu geben in die vielgestaltige Schönheit des Luftbildes, Sichten aus unterschiedlichen Höhen zu zeigen und Objekte aus vielen Teilen unserer Republik vorzustellen.

Lothar Willmann, nun schon mehr als fünfzehn Jahre erfahren auf dem Gebiet der Luftbildfotografie, ist es zu danken, wenn es gelang, mit den Luftbildern nicht schlechthin nur Bestehendes solide abzubilden, sondern mit dem Luftbild auch eine jeweils charakteristische, ästhetisch-künstlerische Aussage zu erreichen. Dabei machte er es sich und den anderen Beteiligten, insbesondere den Flugzeugführern, Kopiloten und Mechanikern der Flugzeuge und Hubschrauber, von denen aus diese Aufnahmen erfolgten, nicht immer leicht. Denn zu einem guten und ästhetisch ansprechenden Luftbild gehören viele entscheidende Voraussetzungen: eine geeignete Jahres- und Tageszeit, eine möglichst stabile Wetterlage, ausgezeichnete Sichtbedingungen, wolkenloser Himmel oder eine nur sehr geringe Wolkenbildung, das günstige Zusammenspiel einer Reihe notwendiger organisatorischer Vorbedingungen und schließlich ein hohes fliegerisches Können der Besatzung, verbunden mit tiefem Verständnis für das Anliegen der Luftbildfotografie und ihrer spezifischen Anforderungen. Viel, sehr viel Geduld und Beharrlichkeit mußten alle Beteiligten aufbringen, um zum Erfolg zu kommen, und nicht selten wurde es notwendig, bestimmte Reiseziele und Objekte mehrfach anzufliegen.

Mit diesem Band liegt nun, für breite Kreise der Öffentlichkeit zugänglich, das Ergebnis mehrjähriger intensiver Arbeit vor. Möge dieses Buch den Freunden des Luftbildes Freude und Anregung vermitteln und Kunde geben von den tiefgreifenden Veränderungen und Entwicklungen, die die Deutsche Demokratische Republik in mehr als drei Jahrzehnten erfahren hat und gerade in unseren Tagen erfährt.

Die Deutsche Demokratische Republik ist, verglichen mit anderen Industriestaaten, flächenmäßig ein relativ kleines europäisches Land. Sein Territorium umfaßt rund 108 000 km^2 und hat in Nord-Süd-Richtung eine Ausdehnung von etwa 500 km, in Ost-West-Richtung von etwa 350 km. Geht man von den Multispektralaufnahmen aus, die Waleri Bykowski und Wladimir Axjonow mit der MKF-6 von Sojus 22 aus anfertigten und die ein Gebiet von 115 mal 165 km abbildeten, so würden theoretisch, das heißt: unter Idealbedingungen, sechs bis acht solcher Fernaufnahmen ausreichen, um das Territorium unseres Landes zu erfassen.

Rund 16,7 Millionen Menschen leben auf dem Territorium der DDR, das sind etwa 155 Einwohner je Quadratkilometer. Diese hohe durchschnittliche Bevölkerungsdichte wird in Europa nur noch von wenigen Ländern übertroffen, den Niederlanden, Belgien, Großbritannien, Bundesrepublik Deutschland und Italien. Dabei ist charakteristisch für die DDR, daß es zwischen den einzelnen Bezirken, begründet in den territorialen Ausgangsbedingungen und der jahrhundertelangen geschichtlichen Entwicklung, zum Teil beträchtliche Unterschiede in der Bevölkerungsdichte gibt. Leben zum Beispiel in den dicht besiedelten industriellen Südbezirken der DDR (Karl-Marx-Stadt, Leipzig, Dresden und Halle) 200 bis 325 Einwohner auf einem Quadratkilometer, so sind es in den industriell und agrarisch gemischt strukturierten mittleren und nördlichen Bezirken (Neubrandenburg, Schwerin, Potsdam und Frankfurt/Oder) nur 50 bis 100. Aus der Vergangenheit überkommene Disproportionen in der Verteilung der Produktivkräfte werden im Rahmen langfristiger und großräumiger Wirtschaftsplanung in der DDR schrittweise abgebaut und überwunden, künftig in zunehmendem Maße bei intensiver Nutzung der vorhandenen baulichen Grundfonds. Eine sinnvolle Differenzierung zwischen den stark industriell geprägten südlichen Bezirken – vier Südbezirke erbringen fast fünfzig Prozent der industriellen Bruttoproduktion der DDR – und den Mittel- und Nordbezirken mit hochentwickelter Land- und Nahrungsgüterwirtschaft sowie ausgewählten Schwerpunktindustrien wird deshalb auch auf lange Sicht weiterbestehen.

Die Territorialstruktur der DDR ist durch ein dichtes, kleinmaschiges Netz von großstädtischen, städtischen und dörflichen Siedlungen sowie von Anlagen und Trassen der technischen und sozialen Infrastruktur gekennzeichnet. Sieht man von Ortsteilen und verstreut liegenden einzelnen sogenannten Wohnplätzen ab, so gibt es in der DDR gegenwärtig etwa 7600 Städte und Landgemeinden, die untereinander eine durchschnittliche Entfernung von etwa dreieinhalb Kilometern haben.

Im Siedlungsnetz der DDR zeichnen sich Teilgebiete ab, für die bestimmte Siedlungsgrößen und Siedlungsdichten charakteristisch sind. Wer aufmerksam zu beobachten versteht, kann das auf einer längeren Autoreise durch die DDR oder – noch besser – aus den Bordfenstern eines Flugzeuges deutlich wahrnehmen.

Zuerst wären da die vier Ballungsgebiete: Hauptstadt Berlin einschließlich Randgebiet, Halle/Leipzig, Karl-Marx-Stadt/Zwickau und Dresden/Oberes Elbtal, in denen insgesamt – auf einem Siebentel des Staatsterritoriums – etwa 6,3 Millionen Menschen leben, das ist mehr als ein Drittel der Bevölkerung der DDR. Hier konzentrieren sich vor allem große Siedlungen in hoher Dichte, darunter sieben der fünfzehn Großstädte mit mehr als 100 000 Einwohnern. In den gemischt strukturierten Gebieten im westlichen Teil der DDR, das heißt im wesentlichen in den Bezirken Magdeburg, Erfurt, Gera und Suhl, dominieren kompakte Siedlungen (Landgemeinden) mit überwiegend tausend bis zweitausend Einwohnern bei relativ geringer Dichte.

In den vorwiegend landwirtschaftlich geprägten Gebieten in den mittleren und nördlichen Bezirken herrschen kleine Siedlungen mit weniger als tausend Einwohnern vor. Und im Küstenbereich gibt es neben den vier Industriestädten Rostock, Stralsund, Greifswald und Wismar vor allem kleine und kleinste Siedlungen bei hoher Siedlungsdichte, bis hin zu den sogenannten Streusiedlungen, die nur aus wenigen Gehöften oder Häusern bestehen.

Die DDR gehört, obwohl der Bevölkerungsanzahl nach von nahezu vierzig Ländern der Welt übertroffen, bereits seit den sechziger Jahren zu den zehn wirtschaftlich führenden Staaten der Erde.

Es ist Kennzeichen aller hochentwickelten Industrieländer, daß sie einen hohen Urbanisierungsgrad haben. Das bedeutet, es wohnt ein sehr großer Teil der Bevölkerung in Städten oder städtischen Siedlungen. In der DDR beträgt dieser Anteil gegenwärtig mehr als 76 Prozent. Kurz nach dem zweiten Weltkrieg waren es noch 67 Prozent gewesen. Für die achtziger Jahre ist mit einem weiteren Anstieg zu rechnen. Für immer mehr Menschen wird damit die Stadt zum dominierenden Wohn- und Arbeitsort. Die Stadt, die in den von der Regierung der Deutschen Demokratischen Republik im Jahre 1950 beschlossenen 16 »Grundsätzen des Städtebaues« als die »wirtschaftlichste und kulturreichste Siedlungsform für das Gemeinschaftsleben der Menschen« gekennzeichnet worden war! Unsere Städte als ein soziales und räumliches Ganzes weiterzuentwickeln, gehörte und gehört deshalb stets zu den grundsätzlichen Zielstellungen für die territoriale Entwicklung in der DDR.

◁ Stralsund. Hafen

Suhl. Altes und neues Stadtzentrum

Fischland

Moritzburg bei Dresden ▷

Rostock. Steintor

Tangermünde

Mecklenburger Landschaft ▷

STÄDTE

GIBT ES ÜBER TAUSEND IN UNSEREM LAND. Sehr viele von ihnen haben eine jahrhundertelange, ereignisreiche Geschichte hinter sich. So entstanden die ersten deutschen Städte in der Zeit des frühen Feudalismus vom 8. bis zum 13. Jahrhundert. Magdeburg, Erfurt und Leipzig – heute bedeutende Bezirksstädte – gehören dazu, aber auch Arnstadt (mit fast 1280 Jahren die älteste Stadt der DDR), Mühlhausen, Freiberg, Altenburg, Meißen, Brandenburg und Tangermünde. Viele Städte erlangten eine erste Blüte im Mittelalter, als sich im 15. und 16. Jahrhundert Handel und Produktion, Zunftwesen und Hanse, Bergbau, Wissenschaft und Kultur entwickelten und das Bürgertum in den Städten politisch und ökonomisch an die Macht drängte. verbunden mit der Reformation und mit zahlreichen Volksbewegungen gegen den Feudaladel, die Fürsten und den Klerus. Rostock, Greifswald, Stralsund und Wismar sowie weitere Hansestädte nahmen in dieser Zeit einen großen Aufschwung, ebenso Wittenberg, Frankfurt/Oder, Görlitz, Güstrow, Torgau, Halberstadt, Stendal und Salzwedel.

Hingegen haben sich eine Reihe anderer Städte vor allem erst im 18. Jahrhundert als Residenzstädte absolutistischer Herrscher entwickelt: Dresden, Potsdam, Berlin, Ludwigslust, Schwerin und andere. Im 19. Jahrhundert schließlich wuchsen im Zusammenhang mit der raschen kapitalistischen Entwicklung Berlin, Leipzig, Dresden, Chemnitz (Karl-Marx-Stadt), Magdeburg, Halle, Zwickau, Gera und andere Städte zu großen Industriezentren heran – eine Entwicklung, die sich in unserem Jahrhundert zum Beispiel von Jena, Dessau, Riesa und anderen Städten fortsetzte.

In den ersten Jahrzehnten unseres Jahrhunderts wurden die Städte, insbesondere »die großen Städte«, über die Bertolt Brecht, Johannes R. Becher, Rudolf Leonhard, Hans Lorbeer, Erich Weinert, Kurt Tucholsky, Franz Werfel und andere geschrieben haben, zu Schauplätzen sich verschärfenden Klassenkampfes, zu Stätten sozialer Auseinandersetzungen, zu Brennpunkten der gesellschaftlichen Entwicklung im Widerstreit von Revolution und Reaktion. Durch das Anwachsen der sozialen Widersprüche, aber auch das immense Ansteigen des Stadtverkehrs und der individuellen Motorisierung wurde das »Funktionieren« der Stadt immer mehr in Frage gestellt. Bemühungen progressiver oder zumindest fortschrittsgläubiger Reformer des Städtebaues um eine »sichere, reiche, ruhige Stadt« (H.C. Sierks, 1929), um eine »Heilungsmöglichkeit« gegenüber der »Inflation« der Großstädte (E. Gloeden, 1923) und um eine soziale Erneuerung der Stadt (Ernst May, Bruno Taut und andere) mußten unter den damaligen gesellschaftlichen Bedingungen größtenteils Illusionen bleiben.

Der zweite Weltkrieg mit seinen schweren Zerstörungen bedeutete für die Entwicklung vieler unserer Städte einen tiefen Einschnitt. So waren in Berlin etwa 32 Prozent der Wohnungen, 86 Prozent der Schulräume und 79 Prozent der Krankenhausplätze vernichtet. Dresden wurde in einer Nacht das Opfer anglo-amerikanischer Terrorangriffe und verlor etwa 75000 Wohnungen sowie zahlreiche historische Bauensembles und Kunstwerke von unschätzbarem Wert. In Leipzig sanken 44000 Wohnungen und 40 Prozent der öffentlichen Gebäude in Schutt und Asche. Zerstört wurden die Stadtzentren von Chemnitz (Karl-Marx-Stadt), Magdeburg, Rostock, Neubrandenburg, Prenzlau, Pasewalk und Cottbus sowie zahlreiche Stadtteile in nahezu allen größeren Städten.

Dank der aufopferungsvollen Anstrengungen der »Aktivisten der ersten Stunde«, den großen Leistungen im Nationalen Aufbauprogramm, der unermüdlichen Arbeit Hunderttausender Bürger gelang es, die Kriegszerstörungen unserer Städte schon in wenigen Jahren zu beseitigen und zu sichern, daß neues Leben aus den

Ruinen erblüht. So haben manche unserer im Krieg stark zerstörten Städte heute wieder so viele Einwohner wie vor 1939, einige sogar – wie Rostock, Neubrandenburg und Frankfurt/Oder – weit mehr als früher. Wenn andere ihre damalige Bevölkerungsanzahl nicht erreicht haben, so meist im Zusammenhang damit, daß sich in den vergangenen mehr als drei Jahrzehnten sozialistischer Wirtschafts- und Stadtentwicklung andere Territorien aus übergeordneten gesamtvolkswirtschaftlichen Gründen vorrangig entwickelten. Dazu gehören der Energiebezirk Cottbus, in dem auf der Grundlage des Kohle- und Energieprogramms von 1957 eine Reihe leistungsfähiger Großkraftwerke und Kohleverarbeitungsbetriebe errichtet wurden, darunter die Großkokerei Lauchhammer, die Kraftwerke Lübbenau, Vetschau und Hagenwerder und das Braunkohlenkombinat Schwarze Pumpe. Dazu gehören solche bedeutenden Standorte der Grundstoffindustrie wie das Eisenhüttenkombinat-Ost an der Oder-Neiße-Grenze, das Stahl- und Walzwerk Brandenburg, das Eisenhüttenwerk Calbe und das Stahl- und Walzwerk Riesa, insbesondere aber auch die entsprechend dem Chemieprogramm von 1958 neu errichteten oder erweiterten Chemiekomplexe wie das Petrolchemische Kombinat Schwedt, Leuna II, Chemiefaserwerke in Wilhelm-Pieck-Stadt Guben und Schwarza, das Elektrochemische Kombinat Bitterfeld, das Synthesewerk Schwarzheide und andere. Und schließlich seien hier, stellvertretend für zahlreiche andere bedeutende Investitionsvorhaben, genannt: der 1960 neu eröffnete Überseehafen Rostock, die Baumwollspinnerei Leinefelde, das Textilkombinat Cottbus, das Halbleiterwerk Frankfurt/Oder, das Glas- und Keramikkombinat Ilmenau und das Kernkraftwerk »Bruno Leuschner« bei Greifswald. In den weitaus meisten Fällen war es möglich, vorhandene Städte und städtische Siedlungen für die Ansiedlung der erforderlichen neuen Arbeitskräfte zu nutzen und sie entsprechend den gewachsenen Anforderungen zu erweitern und auszubauen. Neue Städte wurden deshalb in der DDR, im Unterschied etwa zu der Erschließung völlig neuer Territorien in der Sowjetunion, nicht oder nur in einem sehr geringen Umfang gebraucht. So gibt es denn heute in unserem Land nur vier Städte, die seit 1949 neu errichtet wurden: Eisenhüttenstadt (Baubeginn 1952; heute etwa 50 000 Einwohner), Hoyerswerda (Baubeginn 1956; heute etwa 75 000 Einwohner), Schwedt/Oder (Baubeginn 1958; heute etwa 55 000 Einwohner) und Halle-Neustadt (Baubeginn 1964; heute etwa 95 000 Einwohner).

Über ihre »Streifzüge durch eine neue Stadt« – gemeint ist Halle-Neustadt – berichteten Ende der sechziger Jahre vier DDR-Schriftsteller und zwei Fotoreporter unter dem Motto »Leute machen Städte, Städte machen Leute« das Folgende: »Hier wird Zukunft ermöglicht, indem Gegenwart bewältigt wird; hier verändert der Mensch sich selbst, indem er Gesellschaft und Natur verändert zu seinen Gunsten; hier wird Welt an sich verwandelt in Welt für uns.» Und sie machten aufmerksam auf etwas, das gewiß nicht nur für Halle-Neustadt gilt: »Eine Stadt wird zweimal erbaut: von den Architekten und den Bauarbeitern, die Häuser, Schulen, Kindergärten und so weiter errichten – und von den vielen tausend Einwohnern, die ihr Leben darin formen.«

Neue Städte in der DDR zu gründen wird aus heutiger Sicht auch in den kommenden Jahrzehnten nicht erforderlich sein. Hingegen verstärkt sich immer mehr die Aufgabe, ausgehend von der grundsätzlichen Forderung nach einer intensiveren Nutzung des Vorhandenen, unsere bestehenden Städte und Siedlungen schrittweise entsprechend den wachsenden materiellen und kulturellen Bedürfnissen der Menschen in Übereinstimmung mit den volkswirtschaftlichen Möglichkeiten zu vervollkommnen und zunehmend intensiv zu erneuern und zu erweitern.

In den mehr als tausend Städten der DDR leben gegenwärtig über 12,7 Millionen Einwohner, davon in der Hauptstadt Berlin und den übrigen vierzehn Großstädten, das heißt Städten mit mehr als 100 000 Einwohnern, etwa 4,3 Millionen, das sind mehr als 25 Prozent der Bevölkerung. Bis auf Suhl, Neubrandenburg und Frankfurt/Oder gehören heute alle Bezirksstädte zu den Großstädten. Keine Bezirksstädte, aber Großstädte sind andererseits Zwickau, Jena und Dessau, dicht gefolgt von Brandenburg und Halle-Neustadt. Nimmt man neben den Großstädten noch die in der DDR bestehenden hundert Mittelstädte (von 20 000 bis 100 000 Einwohner) hinzu, so leben in diesen insgesamt 115 Städten alles in allem mehr als acht Millionen Menschen, das sind 48 Prozent der Bevölkerung. Die DDR ist wahrhaftig in hohem Maße ein urbanisiertes, »verstädtertes« Land!

Städte sind äußerst vielschichtige und komplizierte Organismen. Ihre Grundfunktionen Arbeiten, Wohnen, Kultur und Erholung und ihre entsprechenden Teilgebiete, Bauten und Ensembles, Einrichtungen und Anlagen sind in jeder Stadt auf eine besondere, charakteristische Weise miteinander verbunden und verflochten. Keine Stadt gleicht der anderen – und sollte ihr auch niemals gleichen. In den spezifischen landschaftlichen, topographischen und baulichen Gegebenheiten liegen der einmalige, unverwechselbare Reiz und die Schönheit einer Stadt. In ihrer Beziehung zur umgebenden Natur, in ihrer Silhouette und in ihrem Maßstab, in der Struktur ihrer Teilgebiete und Gliederungen, in der Abfolge ihrer dominierenden Straßen und Plätze, Grünanlagen und Parks liegt ihre Unverwechselbarkeit, gründet sich das, was uns eine Stadt vertraut und liebenswert macht.

Unser heutiges Bekenntnis zur Stadt ist historisch gewachsen.

In früherer Zeit waren Städte sehr oft vorrangig Zufluchtsorte in Kriegs- und Notzeiten. Städte waren geschätzt als Orte besonders günstiger persönlicher Entfaltung: »Stadtluft macht frei.« In den Städten schlug das Herz einer Gesellschaft schneller, waren gesellschaftliches Bewußtsein und gesellschaftliche Widersprüche am weitesten entwickelt. In den Städten wurde der Kampf am härtesten geführt. Die Stadt ist – wir hatten es eingangs schon festgestellt – unsere produktivste, wirtschaftlichste, kulturreichste und politisch bedeutendste Siedlungsform für das Gemeinschaftsleben der Menschen. Dieses Bekenntnis zur Stadt gilt unteilbar und uneingeschränkt, auch wenn uns unsere heutigen Städte noch nicht immer in einer optimalen Weise »Gefäß« für unsere gesellschaftliche und individuelle Entwicklung sind, wenn es noch vieles im Sinne unserer Bedürfnisse und der Bedürfnisse kommender Generationen zu verändern gibt.

Veränderung, Entwicklung, Erneuerung und Umgestaltung – auf welchen Gegenstand träfen diese Begriffe wohl mehr zu als auf unsere Städte? Sie sind in der Tat in ständiger Veränderung begriffen. Bestehendes wird erhalten, wiederhergestellt und gegebenenfalls einer neuen Nutzung zugeführt. Neues kommt hinzu, verbindet sich mit dem Vorhandenen, hebt historisch Gewachsenes dialektisch auf, bewahrt es gleichsam auf einer höheren Ebene. Der sich rasch vollziehende wissenschaftlich-technische Fortschritt und die kontinuierliche Vorwärtsentwicklung der Gesellschaft, Wirtschaft und Kultur verleihen diesem Prozeß ständiger Veränderung unserer Städte eine große Dynamik. In den siebziger und achtziger Jahren spielt dabei das rasche Wachstum des Wohnungsbaus, des Kernstücks der Sozialpolitik in der DDR, die entscheidende Rolle.

»Die Entwicklung der Städte und Gemeinden stellt hohe Anforderungen an die Architektur und das Bauwesen. Auf der Grundlage langfristiger Pläne soll der Wohnungsneubau mit der Rekonstruktion und Erneuerung von Wohngebieten sowie mit der Erhaltung und Modernisierung von Wohngebäuden verbunden werden, daß die historisch entstandenen kulturellen Werte und progressiven Züge in der Struktur und im Antlitz der Städte soweit als möglich bewahrt und immer günstigere Voraussetzungen für die weitere Entwicklung der sozialistischen Lebensweise geschaffen werden.«

Seit 1971 ist bei der Verbesserung der Wohnverhältnisse der Bürger in der DDR Bedeutendes geleistet worden. Durch den Neubau, den Um- und Ausbau und die Modernisierung von insgesamt über 1,6 Millionen Wohnungen verbesserten sich von 1971 bis 1981 die Wohnbedingungen für jeden vierten Bürger unserer Republik, vor allem für viele Arbeiter- und kinderreiche Familien. Zugleich wurden mit dem Wohnungsbau auch andere wesentliche Teile des sozialpolitischen Programms gefördert und verwirklicht: der Bau von Vorschuleinrichtungen und Schulen, Sporthallen und Sportplätzen, von Kaufhallen, gastronomischen Einrichtungen, Dienstleistungskomplexen und Einrichtungen des Gesundheitswesens, die Schaffung von Feierabendheimen, Jugendklubs und anderen gesellschaftlichen Einrichtungen.

Vom Wohnungsbau und den mit ihm verbundenen komplexen Maßnahmen einschließlich der Verkehrserschließung, stadttechnischen Versorgung und Grüngestaltung haben Städtebau und Architektur in der DDR in den siebziger Jahren die stärksten Impulse erhalten. Auf diese Weise wurde das Antlitz der Städte in allen Teilen der Republik sichtbar verändert.

Ausgehend von der gesellschaftspolitischen Zielstellung, die Wohnungsfrage in der DDR als soziales Problem bis zum Jahre 1990 zu lösen, wird das Wohnungsbauprogramm auch in den nächsten Jahren konsequent Schritt für Schritt fortgeführt. Schwerpunkte des Wohnungsneubaues und der Modernisierung sind dabei die Hauptstadt Berlin und die Bezirke Leipzig, Dresden, Karl-Marx-Stadt und Halle. In wachsendem Maße wird sich der Wohnungsbau aber auch in die Kreisstädte, also in kleinere und mittlere Städte, verlagern. Mit dem umfangreichen Wohnungsbauprogramm in seiner Einheit von Neubau, Modernisierung und Erhaltung wird der langfristige Prozeß der schrittweisen Vervollkommnung unserer historisch gewachsenen Städte, ihrer Struktur und Gestalt auch in den achtziger Jahren planmäßig fortgesetzt. Die im Mai 1982 vom Politbüro des Zentralkomitees der SED und dem Ministerrat der DDR beschlossenen »Grundsätze für die sozialistische Entwicklung von Städtebau und Architektur in der Deutschen Demokratischen Republik« sind dafür eine wesentliche Grundlage.

Die Luftbilder unserer großen Städte und Ballungsgebiete, aber auch der kleinen Städte und ländlichen Siedlungszentren können uns in einzigartiger Weise zeigen, wie unser Land, die Deutsche Demokratische Republik, in mehr als drei Jahrzehnten gewachsen ist, welche bedeutenden Veränderungen sich vollzogen haben und wie sich in zunehmendem Maße Neues und Bestehendes harmonisch miteinander verbinden. »Schöne Städte für ein schönes Leben!« – das war die anspruchsvolle und begeisternde Zielsetzung, die vor nunmehr über dreißig Jahren den Beginn der gewaltigen Aufbauarbeit nach den Zerstörungen des zweiten Weltkrieges einleitete.

»Schöne Städte für ein schönes Leben« zu gestalten, das wird auch in der Zukunft Ziel aller unserer Bemühungen sein, denn noch späteren Generationen soll unser heutiges Bauen und Erhalten Kunde geben.

◁ Eisenhüttenstadt

Rostock. Unterwarnow

Karl-Marx-Stadt. Karl-Marx-Platz mit Stadthalle und Interhotel Kongreß

Erfurt. Luftbilder aus verschiedenen Höhen ▷

Hauptstadt der DDR, Berlin. Alexanderplatz

Flughafen Berlin-Schönefeld ▷

FLUGHAFEN BERLIN-SCHÖNEFELD
INTERFLUG
DM-SCB
DM-SCF

Oberhof. Hotel Panorama

Crivitz. Bezirk Schwerin

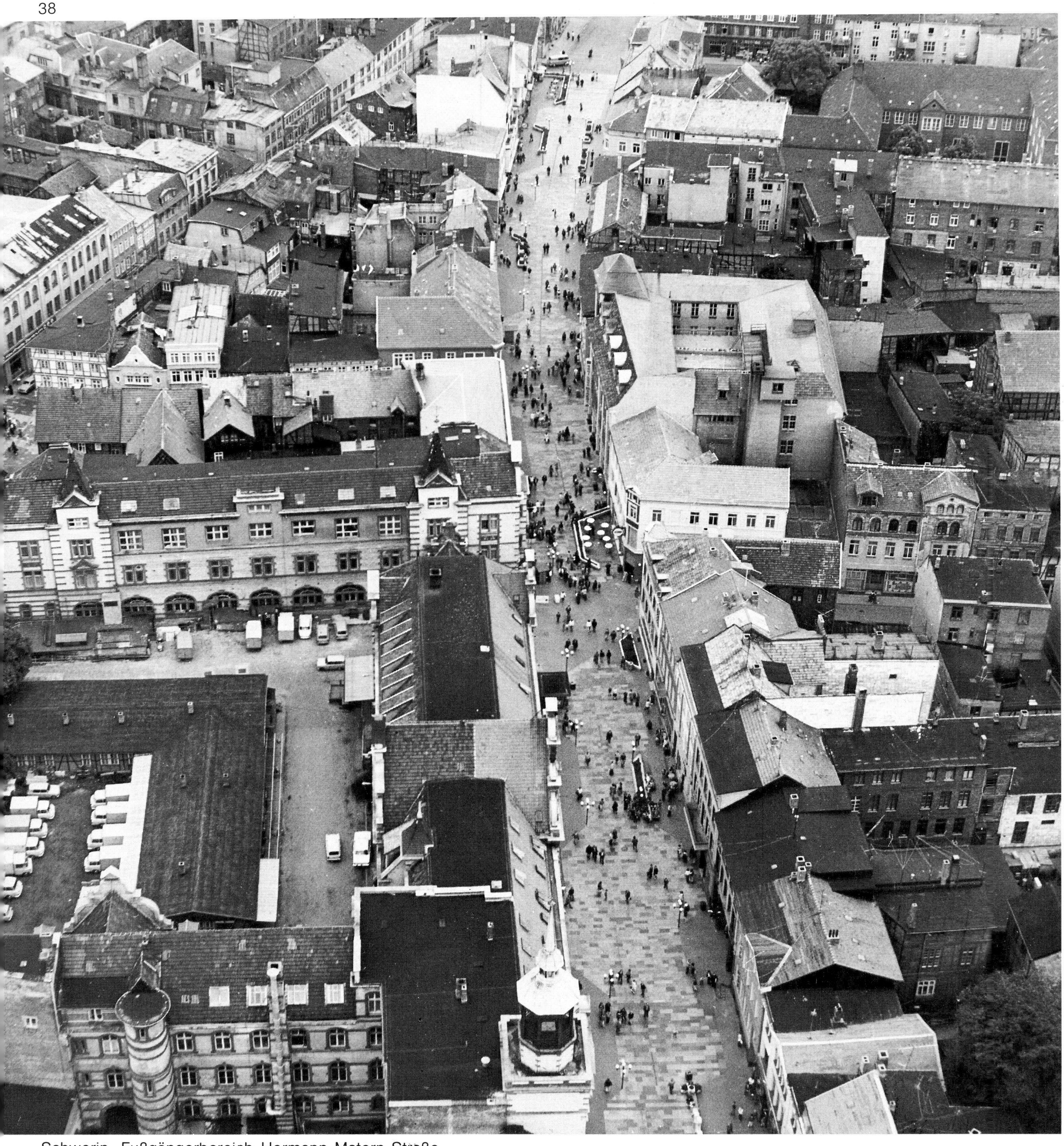

Schwerin. Fußgängerbereich Hermann-Matern-Straße

Neubauwohngebiet Gera-Lusan

Weimar. Stadtkern mit Markt, Burgplatz und Schloß ▷

Hauptstadt der DDR, Berlin. Stadtzentrum, Karl-Marx-Allee

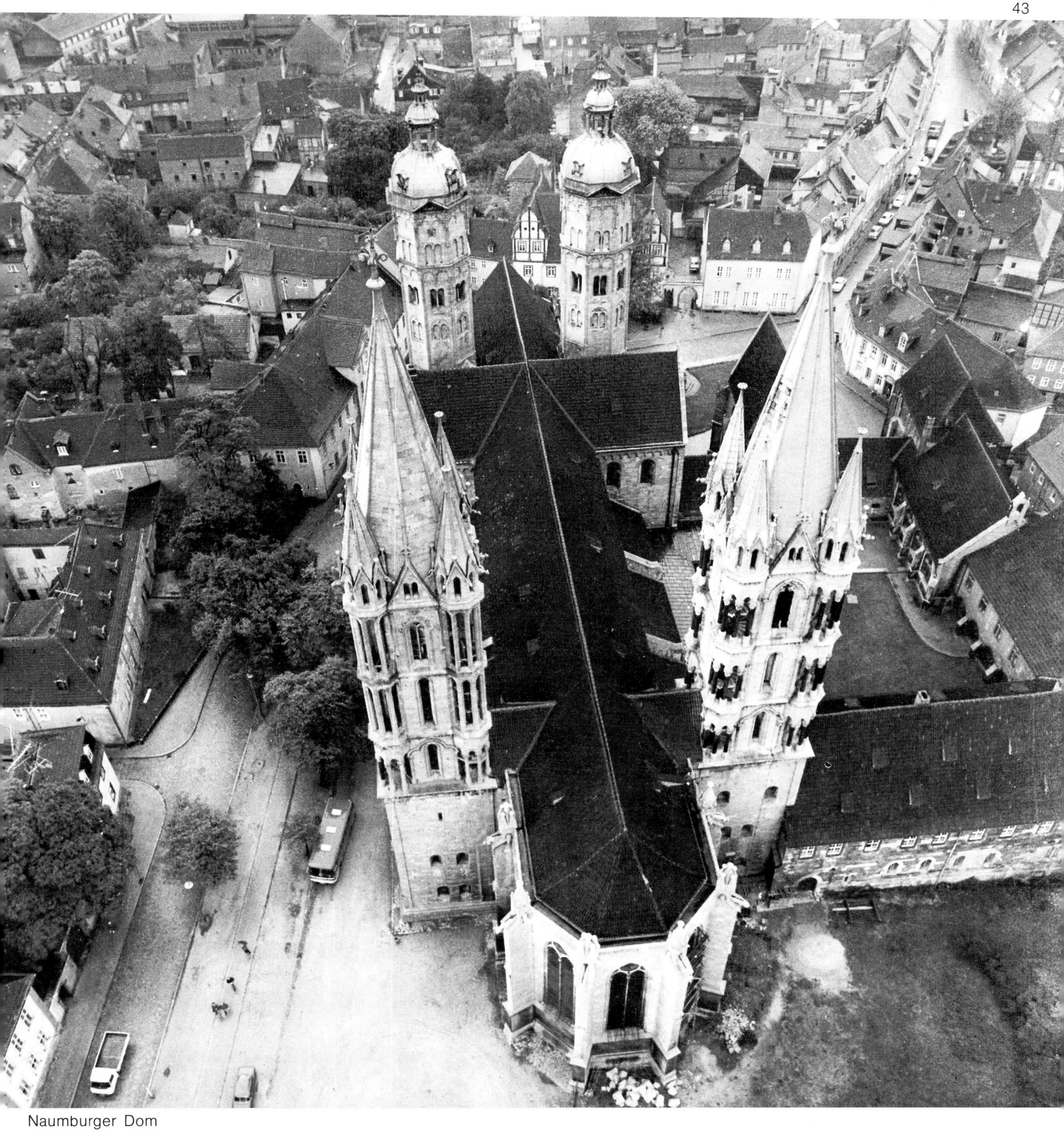

Naumburger Dom

Siedlung im Erzgebirge

Stolberg (Harz)

Gera. Wohngebiet Lusan, im Bau

Magdeburg

Ottendorf-Okrilla, Bezirk Dresden. Zwölfeckhaus

Quedlinburg. Burgberg mit Schloß und Stiftskirche ▷

VEB Henneberg-Porzellanwerk Ilmenau

Gera. Neubauwohngebiet Bieblach

Bautzen. Stadtkern mit der Alten Wasserkunst und der Michaeliskirche

Bützow. Bezirk Schwerin

Wochenendsiedlung bei Eisenhüttenstadt

Potsdam. Fußgängerbereich Klement-Gottwald-Straße

Die Altstadt von Stralsund ▷

Teterow. Bezirk Neubrandenburg

Wohnhochhäuser in Frankfurt (Oder)

Wilhelm-Pieck-Stadt Guben. Neubauwohngebiet

Waren (Müritz). Stadtkern

Hubschrauber-Kranflug

Boote am Stausee Niesky. Bezirk Dresden

Frankfurt (Oder). Neubauwohngebiet Hansa-Nord

Grabow. Bezirk Schwerin

Halle (Saale). Fußgängerbereich Klement-Gottwald-Straße

Winterlandschaft

Potsdam. Nikolaikirche von K.F. Schinkel

Güstrow, Bezirk Schwerin. Innenstadt, Schloß und Renaissance-Garten ▷

Gotha. Innenstadt

Meißen. Dom und Albrechtsburg ▷

Schwerin. Stadtzentrum mit Pfaffenteich ▷ Erfurt. Fußgängerbereich Anger ▷ Suhl. Stadtzentrum von Südwesten ▷

LANDSCHAFT

MIT BERGEN UND TÄLERN, WÄLDERN UND Fluren, Flüssen, Bächen und Seen, Pflanzen und Tieren bildet unseren natürlichen Lebensraum. Sie beherbergt unsere Wohnstätte, ist Produktionsbasis für bedeutende Zweige unserer Volkswirtschaft, und sie bietet uns vielseitige Möglichkeiten zur Erholung und Entspannung, zum Erleben der natürlichen Umwelt.

Die Landschaft, wie wir sie heute erleben, ist das Produkt tiefgreifender und lange währender geomorphologischer Prozesse, von großflächigen Hebungen und von Senkungen der Erdoberfläche, von Faltungen und von gewaltigen Eruptionen, von Überflutungen, Abtragungen und von Anschwemmungen. An ihrer Ausbildung haben Wind und Wasser, Wärme und Kälte, unzählige Pflanzen und Tiere mitgewirkt. Unterschiedliche Landschaftstypen sind das Ergebnis dieser Einwirkungen: das norddeutsche Tiefland und die kuppigen mit vielen Seen durchsetzten Moränengebiete, die weiträumigen Urstromtäler und die fruchtbaren Bördelandschaften, die Mittelgebirge, der Harz, der Thüringer Wald, das Erzgebirge und die Sächsische Schweiz.

Die DDR ist reich an verschiedenartigen Landschaftsräumen. Oft auf engem Raum beieinanderliegend machen sie das Land für den Einheimischen und für den Touristen interessant und erlebnisreich. Häufig werden schon kleine Entdeckungen zum großen Erlebnis: die eigenartigen Windungen eines Bachlaufes, die herbstlich bunte Laubfärbung in einem Buchenbestand, das Rollen der Ostseewellen an der Steilküste von Kap Arkona oder von Stubbenkammer. Um wie vieles größer ist das Erlebnis, wenn man aus der Vogelperspektive ganze Landschaftsräume und Gemeinden überschauen und das Wirken einzelner Elemente beobachten kann: einen See mit seinen Zuflüssen, das Bodetal im Harz mit den anscheinend messerscharfen Felsgraten, ein altes Dorf mit den noch erkennbaren Hufen, die Schwemmkegel im Mündungsbereich der Gebirgsbäche.

Die Landschaft präsentiert sich Tag für Tag anders. An Regentagen erscheint sie trüb und verträumt, bei Sonnenschein frisch und aktivierend, bei Nebel kalt und abweisend. Unter dem Einfluß physikalischer Kräfte und von chemischen Reaktionen, im Ergebnis der Nutzung der Landschaft durch den Menschen erfahren Struktur und Gestalt ständig Veränderungen, entstehen Abbrüche im Gebirge und an der Küste, Ausspülungen im Uferbereich von Flüssen und Seen, Verwitterungen und Anlandungen, Bodenentnahmen und Verkippungen. Waren es im 12. bis 14. Jahrhundert vor allem die umfangreichen Rodungen zur Gewinnung von Ackerland, die das Bild unserer Landschaft, die Verteilung von Wald und Flur wesentlich verändert haben – der Waldanteil sank in dieser Zeit von ehemals 60 bis 70 Prozent auf 30 bis 40 Prozent der Landesfläche –, so bewirkte die sich im 19. und 20. Jahrhundert entwickelnde Industrie mit dem Ausbau der Verkehrswege und der Kanalisierung der Flüsse, mit der Gewinnung von Bodenschätzen in großem Umfang und mit der Konzentration der Produktion in großen Industriegebieten erneut gewaltige Veränderungen in der Struktur und Gestalt vieler Landschaftsräume. Große Gebiete entwickelten sich zu Industrielandschaften mit Schornsteinen, Kühltürmen und Destillationsanlagen, mit einem Gewirr von Leitungssträngen, mit Lagerhallen und Produktionsstätten. Andere Territorien wurden vom Bergbau in Anspruch genommen oder für die Anlage von Talsperren benötigt. Nicht immer war dabei das Wirken des Menschen auf eine für die gesamte Gesellschaft nützliche Erhaltung und Entwicklung der Landschaft gerichtet. So ist bekannt, daß die ehemals schönen Eichenbestände auf der Insel Hiddensee im Dreißigjährigen Krieg von dänischen und kaiserlichen Truppen vernichtet worden sind. Auch die vielen tausend Hektar Ödland, die nach der Nutzung der Landschaft, nach der Ausbeutung der Bodenschätze durch kapitalistische Unternehmer als Mondlandschaft oder vegetationsfeindliche Kippe zurückblieben, sind ein Beispiel dafür. Erst unsere sozialistische Gesellschaft hat die Voraussetzungen für eine die Interessen der Gesellschaft achtende, planmäßige Nutzung der Landschaft und ihrer natürlichen Ressourcen geschaffen und zum Wohle des Volkes weitgehend durchgesetzt.

Die dichte Besiedlung in unserem Lande und die hohe Produktionsdichte erfordern eine effektive Nutzung des Territoriums und eine abgestimmte Entwicklung der verschiedenen Landschaftsräume. Nutzung des Vorhandenen und Entwicklung einer neuen, hochproduktiven Landschaft als Zielstellung sind ohne Eingriffe in die bestehende Struktur nicht möglich. Wälder müssen der Braunkohlengewinnung weichen, die Bewässerung landwirtschaftlicher Kulturen erfordert Speicherbecken und Wassergräben. Die staatlichen und gesellschaftlichen Kräfte sind bemüht, die Nutzung und die Veränderung der Landschaft so zu lenken, daß volkswirtschaftlich, sozial und kulturell weitgesteckte Ziele verwirklicht werden.

Unter den Zweigen der Volkswirtschaft, die die Landschaft wesentlich prägen, steht auch in unserem Land die Landwirtschaft an erster Stelle. Obgleich der weitaus größte Anteil aller Berufstätigen in der DDR in der Industrie, in den Dienstleistungseinrichtungen und im Handel tätig sind und nur elf Prozent der Beschäftigten in Betrieben der Land- und Forstwirtschaft arbeiten, bestimmen die großen Ackerflächen, die Wiesen und die Wälder das Erscheinungsbild vieler Teilgebiete unseres Landes, sind es etwa 60 Prozent der Gesamtfläche der DDR, die landwirtschaftlich und im Durchschnitt 27 Prozent, die forstwirtschaftlich genutzt werden. Die tiefgreifenden Veränderungen allerdings, die mit dem Übergang zur gesellschaftlichen Produktion in der Landwirtschaft am Ende der fünfziger Jahre und mit der Einführung industriegemäßer Produktionsmethoden in diesem Sektor der Volkswirtschaft erreicht worden sind, werden nirgends so sichtbar, wie in dem große Flächen darstellenden Luftbild. Waren es vor dreißig Jahren noch die vielen kleinen Felder von durchschnittlich zwei bis vier Hektar Fläche, die die Gliederung unserer landwirtschaftlichen Produktionsflächen bestimmten, so sind heute an deren Stelle große, oft mehr als vierzig Hektar umfassende Schläge getreten. Das ehemals bunte Bild unterschiedlicher Kulturen, durch Feldraine zergliederter Flächen und vieler Hecken ist abgelöst worden durch große von leistungsstarken sozialistischen Genossenschaften bewirtschaftete Flächen, die häufig nur durch landschaftliche Gegebenheiten, Wald- oder Wasserflächen unterbrochen werden. Beeindruckende Bilder dieser neuen Art der landwirtschaftlichen Produktion sind nicht zuletzt auch die in Gruppen arbeitenden, oftmals reizvolle Spuren hinterlassenden Traktoren und Erntemaschinen, die modernen Stallungen, die manchmal bereits mehr als zweitausend Tiere enthalten, die weithin sichtbaren Silotürme und auch die großen Jungtierherden auf den Weiden des Tieflandes und den Bergwiesen der Mittelgebirge. Manches hat dem Druck der modernen Produktionsverfahren standgehalten, blieb erhalten und ist zum festen Bestandteil der neuen Kulturlandschaft geworden. Anderes wurde beseitigt, um einen effektiven Einsatz der Großgeräte und von Flugmaschinen zu sichern. So sind viele der aus der Eiszeit stammenden Sölle noch heute vorhanden, bieten den Vögeln Nistgelegenheiten und Unterschlupf.

Manche zum Schutz der Kulturen gegen Windschäden angelegte Feldhecke wurde beseitigt, fehlte über viele Jahre und wird erst jetzt im Zusammenhang mit der Neuordnung der Fluren wieder ersetzt.

Die Veränderung der Produktionsverhältnisse und der Produktionsweise auf dem Land haben aber auch die Lebensbedingungen und die Lebensweise der in den Gemeinden außerhalb der großen Städte wohnenden Bevölkerung merklich verändert. War der Tagesablauf früher bestimmt durch die Tierhaltung, insbesondere die Fütterungszeiten, war das Wohnen auf dem Lande oft verbunden mit dem Verzicht auf manche Bequemlichkeiten, auf viele Möglichkeiten der Bildung und der Teilnahme am kulturellen Leben, so hielt nun vieles auf dem Lande Einzug, was bisher ein Privileg der Stadt war: die Kaufhalle, das Kulturhaus, die Bibliothek, der Theaterbesuch in der nahegelegenen Stadt. Die Wohnung auf dem Lande ist damit wieder reizvoller, attraktiver geworden, beliebter auch deshalb, weil sie eine enge Verbindung zur Natur, zur Landschaft ermöglicht und Freizeitaktivitäten zuläßt, die in der Stadt nur beschränkt realisierbar sind.

Mit der Veränderung der Produktionsweise hat auch das Bauen auf dem Lande neue Größen erreicht. Große Stallgebäude für die industrielle Mast von Rindern und von Schweinen, weithin sichtbare Futtersilos und viele Wohngebäude sind entstanden und haben die Grenzen der Dörfer und Gemeinden oftmals weit überschritten. Oft zeigt nur noch das Luftbild die alte, über Jahrhunderte erhalten gebliebene Dorfform im Kern der Ansiedlung: das Runddorf mit seinen kreisförmig angeordneten Gehöften, das auf eine planmäßige Gründung deutende Angerdorf mit der Kirche im Mittelpunkt, das Straßendorf mit den angrenzenden Hufen und die Streusiedlung auf dem Kamm unserer Mittelgebirge. Unterschiedliche gesellschaftliche, ökonomische und geographische Bedingungen sind Ausgangspunkt der verschiedenartigen Entwicklungen. In Tallagen überwiegen Dorfformen, die der Straße oder dem Bachlauf folgen. Auf dem flachen Land sind es dagegen solche, die auf ein Zentrum – den Marktplatz, die Kirche, das Schloß – orientiert sind. Dörfer der frühzeitig befreiten

Prospekt des Lustschlosses
und Garten Sanssouci.
Radierung von J. F. Schleuen (1756)

Landbevölkerung bestehen im allgemeinen aus kompakt gestalteten Gehöften mit Wohnhaus, Stall und Scheune. Ansiedlungen, in denen die bis zur demokratischen Bodenreform im Jahre 1945 vom Großgrundbesitz abhängigen Landarbeiter untergebracht waren, enthalten oft noch einige der an die feudalen Verhältnisse erinnernden Katen. Den unterschiedlichen Entwicklungen der Dörfer ist vor allem eines gemeinsam: die meistens gute Einfügung der Ansiedlungen in die umgebende Landschaft. Diese wird einerseits durch eine geschickte Standortwahl, eine gute Einfügung in die topographische Situation und andererseits durch den Baumbestand und dessen Verteilung erreicht. So sind viele Dorfkerne über lange, baumbestandene Alleen und den Baumbewuchs an Bachläufen mit der Umgebung verbunden oder werden gegenüber der freien Landschaft durch ringförmig um die Gemeinde, meist auf ehemaligen Wallanlagen angeordnete oder alten Grundstücksgrenzen folgenden Baumpflanzungen abgegrenzt. Auf dem Lande, beim Blick auf die alten Dörfer und Gemeinden wird die für die sozialistische Gesellschaft typische kontinuierliche Verbesserung der Lebensbedingungen besonders deutlich. Neben dem alten Bestand hat Neues Einzug gehalten: Eigenheime der Genossenschaftsbauern, Mechanisatoren und Kraftfahrzeugschlosser, Anlagen für Sport und Spiel der Kinder und der Jugendlichen sowie Erholungsbauten der Stadtbevölkerung. Die sinnvolle Verbindung dieser neuen Elemente mit der alten, gewachsenen Struktur, die weitere Verbesserung der Infrastruktur und die Verhinderung der Zersiedelung des Landes sind deshalb ganz wichtige Aufgaben unserer Planungseinrichtungen.

Tiefe Eingriffe in die Struktur und Gestalt ganzer Landschaftsgebiete bewirkt der Bergbau, insbesondere die Gewinnung wichtiger Rohstoffe wie Sand und Kies, Ton und Kalkstein, Kaolin und Braunkohle. Und gerade der Bedarf an diesen Produkten hat in den vergangenen Jahrzehnten gewaltig zugenommen. So ist es eine logische Folge, daß die Abbaumethoden für diese Produkte ständig verbessert worden sind und heute immer größere Flächen für die Gewinnung beansprucht werden. Für die derzeitige Produktion ist daher nicht mehr die kleine Sand- oder Kiesgrube typisch, sondern die große, weitgehend mechanisierte, oft viele Hektar Fläche umfassende Sand- oder Kiesgewinnungsanlage.

Ganz besonders tiefgreifend sind die mit dem Abbau des für unsere Volkswirtschaft wichtigsten Energieträgers, der Braunkohle, verbundenen Veränderungen der Landschaft. Müssen doch, um an die Kohle zu gelangen, wertvolle Wälder gerodet, große Flächen entwässert, Deckschichten in einer Höhe bis achtzig Meter abgetragen, über lange Strecken transportiert und wieder eingebaut werden. Der Abbau der Braunkohle in den Bezirken Cottbus und Leipzig erfolgt seit über hundert Jahren. Abraumbagger und riesige Förderbrücken, Kraftwerke und Brikettfabriken, Kippen und Halden, »Mondlandschaften« und Restlöcher sind typische Elemente dieser Landschaftsgebiete. Die Abbaubedingungen sind im Laufe der langen Zeit des Kohleabbaues immer schwieriger geworden. So sind heute bereits, um eine Tonne Braunkohle zu gewinnen, etwa fünf Tonnen Abraum zu bewegen und sieben Kubikmeter Wasser abzupumpen und abzuleiten. Große Flächen verlieren in diesem Prozeß die Fähigkeit, Bäume und Sträucher, Getreide und Gras zu tragen, nehmen kein Wasser mehr auf und wären für unsere Ernährung, für die Forstwirtschaft und auch für die Erholung verloren, wenn nicht bedeutende Aufwendungen für deren Rekultivierung vorgesehen würden. Fortschrittliche Gesetze sichern in der DDR die rechtzeitige Einbeziehung aller Maßnahmen zur Wiederurbarmachung und zur Rekultivierung der ausgekohlten Flächen. Bereits mit den Erkundungsbohrungen werden dazu erste Empfehlungen erarbeitet. Landschaftsentwicklungspläne, in denen unterschiedliche Forderungen der zukünftigen Nutzer zu einer abgestimmten Zielstellung vereint sind, bieten weitere

Grundlagen für die Planung des Abbaues der Kohleflöze, zur Ausbildung der Grenzbereiche zwischen verschiedenen Nutzungsbereichen, vor allem der verbleibenden Böschungen und zum geplanten Einbau von Abraummassen in die neue Landschaft. Das Hauptziel aller Maßnahmen zur Gestaltung der Bergbaufolgelandschaft ist, eine sinnvolle, volkswirtschaftlich vorteilhafte Nutzung der ausgekohlten Flächen zu erreichen. Die Schaffung landwirtschaftlicher Nutzfläche steht dabei an erster Stelle. Sie erreicht bei guter Planung etwas über fünfzig Prozent der ehemaligen Flächen des Tagebaues. Bevorzugte Nutzungsarten sind: die forstwirtschaftliche, die Nutzung von Teilflächen – damit sind die verbleibenden Restlöcher gemeint – im Rahmen von wasserwirtschaftlichen Zielstellungen und die Nutzung der Gebiete für die Erholung der Bevölkerung. Durch den Einsatz der Großgeräte des Bergbaues zur Gestaltung der Bergbaufolgelandschaft, der Uferzonen künftiger Seen, zur Gestaltung von Böschungen und zur Planierung der Abraumkippen war es möglich, im Zeitraum von 1971 bis 1975 etwa 12 000 Hektar ehemalige Bergbaufläche zu rekultivieren und damit mehr Fläche für die Folgenutzung aufzubereiten als im gleichen Zeitraum vom Bergbau in Anspruch genommen worden ist. Im Fünfjahrplanzeitraum 1976 bis 1980 wurden über 7500 Hektar ehemaliger Bergbaufläche für Forst- und Landwirtschaft wieder nutzbar gemacht – eine Fläche, die größer ist als der Schweriner See. Hervorragende Beispiele für die planmäßige Entwicklung der Bergbaufolgelandschaft zum Erholungsgebiet der Bevölkerung sind bereits geschaffen worden: der Kulkwitzer See vor den Toren des neuen Wohngebietes Leipzig-Grünau mit 88 Hektar Wasserfläche und über 250 Hektar für vielfältige Formen der Freizeitbetätigung geeigneter ehemaliger Kippenfläche und der Senftenberger See mit insgesamt etwa 2000 Hektar Erholungslandschaft, der als Teil einer künftigen Seenplatte den Bürgern der Stadt und vielen Erholungssuchenden aus den anderen Bezirken der DDR wunderschöne und abwechslungsreiche Möglichkeiten zur Erholung und Entspannung bietet. Hier entstanden in wenigen Jahren großzügig gestaltete Strandbereiche, Bootshallen und Anlegestege für den Segelsport, Campingplätze und Ferienhäuser, Gaststätten und Kinderferienlager, Wanderwege und Rastplätze. Nach vielen Jahren der Braunkohlengewinnung mit ihren negativen Auswirkungen auf die Wohnbedingungen der dort ansässigen Bevölkerung werden Senftenberg und viele andere Städte und Gemeinden des ehemaligen Kohlereviers nun zu Zentren der Erholung der Bevölkerung – ein wahrhaft gewaltiger Wandel!

Unsere Kulturlandschaft besteht aus vielen verschiedenen Einzelelementen, die in unterschiedlicher Form, Größe, Menge und Ordnung auftreten. Ein solches Element ist das Wasser, das als kleiner Bach Landschaftsräume verschiedenster Gestalt durchfließt und gliedert oder als großer See viele Hektar Fläche einnimmt. Der Anteil der Wasserflächen, der Flüsse und Seen, der Talsperren und Speicherbecken, der Teiche und Kanäle an der Gesamtfläche unseres Landes beträgt nur etwa zwei Prozent, und doch ist diese geringe Fläche für unser Leben und für unsere Wirtschaft außerordentlich wichtig. Stellt sie doch das Wasserreservoir dar, aus dem wir täglich einen großen Teil des benötigten Trinkwassers und des Wassers für unsere Industrie und Landwirtschaft entnehmen. Um den steigenden Wasserbedarf befriedigen zu können, wurde die Speicherkapazität in den vergangenen dreißig Jahren bedeutend erweitert. Es entstanden mehr als dreißig neue Talsperren und Speicherbecken auf einer Fläche, die annähernd fünfmal so groß ist wie die zur Zeit der Gründung der DDR im Jahre 1949 vorhandene. Und noch immer werden neue Möglichkeiten zur Wasserspeicherung erschlossen oder lange Stollen angelegt, um bestehenden Speicheranlagen mehr Wasser zuführen zu können.

Fast alle Wasserflächen erfüllen in unserem Haushalt gleichzeitig mehrere Aufgaben, sind Wasserspeicher und dienen der Fischwirtschaft, schützen große Gebiete vor Hochwasserschäden oder werden zur Energiegewinnung genutzt, ermöglichen als Schiffahrtsweg einen sehr ökonomischen Transport von Gütern und sind beliebte Ziele für die Erholung und Entspannung. So ist es nicht verwunderlich, daß der Schutz der Gewässer, vor allem ihre Reinhaltung, in der DDR ein gesetzlich fixiertes Anliegen der sozialistischen Gesellschaft ist.

Seen und Talsperren, Flüsse und Teichlandschaften, die Küste der Ostsee und die Boddengewässer sind seit langem beliebte Ausflugsziele und Erholungsbereiche der Bevölkerung. Mit der Zunahme der Freizeit aller Werktätigen, von Wohlstand und Motorisierung hat die Freude an Körperkultur, Sport und an Naturerlebnissen zugenommen, ist die Anzahl der Erholungsuchenden an den Ufern unserer Wasserflächen immer größer geworden. Viele Strandbereiche mußten deshalb ausgebaut und erweitert, Wanderwege, Campingplätze, Feriensiedlungen und Gaststätten angelegt werden. Trotzdem blieb die territoriale Verteilung ungleichmäßig, die Nordbezirke hatten viele natürliche Wasserflächen, und im Süden bestand ein Mangel an Möglichkeiten zum Baden, Bootsport treiben und anderen an größere Wasserflächen gebundenen Freizeitbetätigungen. Mit dem Bau der neuen Talsperren und Speicherbecken haben nun auch solche Gebiete größere Wasserflächen erhalten, denen bisher Möglichkeiten für die Erholung am und im Wasser fehlten. Viele dieser Speicheranlagen entstanden im Gebirge und im Gebirgsvorland. Oft verbinden sich die großen Wasserflächen mit ausgedehnten Wäldern und sind eingebettet in Berge und Hügel. Neue Landschaften sind so entstanden, reich an unterschiedlichen Erlebnisbereichen, einladend für die Gestaltung der Freizeit.

Für die Freizeitgestaltung und Erholung gewinnt die Landschaft zunehmend an Bedeutung. Mit ihrer vielfältigen Ausprägung, mit den vom Sturm gezeichneten Kiefern an der Ostseeküste und den Laubwäldern im Harz, mit den bekannten Karpfenteichen bei Peitz und den großen Talsperren an Bode, Saale und Spree, dem Seepark um die Müritz und den Obstplantagen an Havel und Elbe, mit der Lausitz, dem Spreewald und der Magdeburger Börde ist sie ein fast unerschöplicher Erlebnisquell. Allein schon die Vegetation läßt die Landschaft in immer wieder neuen Bildern erscheinen: im Frühjahr im zarten Grün der noch jungen Blätter und im Weiß blühender Obstbäume, im Sommer im Gold der reifenden Getreidefelder und im Herbst im Rot, Gelb und Braun der sich färbenden Blätter. Selbst im Winter, wenn die Farbe zurücktritt, zeigt sie graphisch reizvolle Kontraste, die grauschwarzen, eigenwillig geformten Äste von Bäumen und Sträuchern vor dem weißen Schnee als Hintergrund. Der Begriff Landschaft löst in uns vielerlei Erwartungen aus, Vorstellungen von weiträumigen, überschaubaren Gebieten, von Flächen, in denen die Natur überwiegt, und von Freiräumen, die in besonderem Maße zur Erholung und Entspannung, zum Wandern und Spazierengehen, zum Baden und Sonnen, zu Sport und Spiel geeignet sind und ein Erleben der Natur möglich machen. Mit der Verkürzung der Arbeitszeit und der Verringerung der Hausarbeit hat die Freizeit für uns eine immer größere Bedeutung erlangt. Ihr Anteil am Zeitbudget jedes einzelnen ist gewachsen und ihre

Funktion ist vielseitiger geworden. So dient sie schon lange nicht mehr nur der notwendigen Reproduktion der körperlichen Kräfte, sondern ist eine wesentliche Grundlage für die Erfüllung geistig-kultureller Bedürfnisse, nicht zuletzt zum Kennenlernen der Heimat, von Landschaftsräumen und von Städten, von Pflanzengemeinschaften und von Tieren geworden. Die Eignung der Landschaft für die Erholung und für die Erfüllung solcher geistig-kultureller Bedürfnisse ist deshalb zu einem wichtigen Kriterium für die Beurteilung der Qualität der Wohnbedingungen und für die Auswahl von Erholungsgebieten geworden. Genügte es zu Beginn dieses Jahrhunderts noch, einzelne Gebiete unter Schutz zu stellen, um die dort beheimateten seltenen Pflanzen und Tiere vor dem Aussterben zu bewahren, so ist es heute notwendig und üblich, die Entwicklung ganzer Landschaftsräume langfristig und komplex zu planen, ihre Nutzung zu optimieren und die Bedingungen für die Erholung und Freizeitgestaltung der Bürger weiter zu verbessern.

Unsere Städte und Gemeinden enthalten bereits heute viele Anlagen für die Erholung der Bürger, Spiel- und Sportplätze, Gärten und Grünanlagen, Alleen, Promenaden und Fußgängerbereiche sowie Parks mit weiträumigen Wiesen und dichten Gehölzgruppen. Häufig wurden diese Erholungsanlagen zu einem System verbunden, das den landschaftlich-topographischen Gegebenheiten folgt, die Baugebiete gliedert und das Gebaute mit der umgebenden Landschaft verbindet. Das Luftbild läßt uns ganz deutlich den Einfluß der Grünflächensysteme auf die Struktur größerer Baugebiete, ganzer Städte und Ballungsgebiete erkennen.

In den letzten Jahrzehnten haben viele Gebiete im Umland der Städte und Ballungsgebiete große Bedeutung für die Erholung der Bevölkerung erlangt. Sie wurden zu bevorzugten Ausflugszielen für das Wochenende. Dieser Tendenz entsprechend wurden großzügige Stadt-Umland-Planungen durchgeführt. In Verwirklichung dieser Planungen sind vielerorts stadtnahe Wälder zu Erholungsgebieten erklärt und große Wasserflächen wie das Waldbad »Freundschaft« in Dessau und das Naturbad Leipzig-Großzschocher für das Baden und den Wassersport angelegt worden. In vielen landschaftlich schönen Gegenden, an Waldrändern und an Was-

Peter Joseph Lenné:
Sanssouci (1816)

serflächen wurden Wochenendhäuser gebaut, entstanden ganze Siedlungen solcher kleinen Unterkünfte für das Wohnen am Wochenende. Viele Dörfer und Kleinstädte haben mit solchen Kleinbauten eine vorteilhafte Abrundung oder Ergänzung erfahren, mancher Landschaftsraum wurde aber auch planlos parzelliert und so der öffentlichen Nutzung entzogen.

Einige Gebiete unseres Landes haben besonders für die Urlaubsgestaltung der Bevölkerung große Bedeutung erlangt. Ausgestattet mit unterschiedlichen Möglichkeiten zum Wohnen, mit Ferienheimen der Gewerkschaft und der Betriebe, mit Bungalowsiedlungen und mit Campingplätzen, mit Hotels und Motels bieten sie den Bürgern Möglichkeiten zum Wandern, Baden und für andere sportliche und kulturelle Betätigungen sowie klimatisch gute Erholungsbedingungen. Die meisten dieser Gebiete zeichnen sich durch besonders schöne landschaftliche Gegebenheiten, durch große Wälder oder sanfte Hügelketten, durch Berge, Seen und bunte Wiesen, durch kulturhistorisch und ästhetisch interessante Anlagen, Gebäude oder Ensembles aus. Viele Bürger nutzen in jedem Jahr die günstigen Möglichkeiten für einen erholsamen Urlaub in den dort liegenden Ferienheimen, Siedlungen und auf den Campingplätzen. Im Jahre 1980 wurden allein im größten Erholungsbereich der DDR – der Ostseeküste – mehr als 2,6 Millionen Urlauber gezählt. Einige Orte und Landschaften, die besonders interessant und schön sind, viele Betätigungsmöglichkeiten bieten und gut zu erreichen sind, haben sich zu Erholungszentren entwickelt. Beispiele dafür sind der Thüringer Wald um Oberhof und Masserberg, Teile des Harzes und der Sächsischen Schweiz, das Fichtelberggebiet und die Havelseen, das Rheinsberger Gebiet und die Ostseebäder. Viele Orte beherbergen während der Sommermonate mehr Urlauber als sie selbst ständige Einwohner haben. Auf der Grundlage langfristiger Planungen, in denen sozialpolitische, landeskulturelle und ökonomische Faktoren berücksichtigt wurden, konnten die Erholungsbedingungen in vielen Landschaftsräumen weiter verbessert, das Verkehrsnetz und die gastronomischen Einrichtungen erweitert und ein Teil der Unterkünfte rekonstruiert werden. Vielerorts wurden neue Strandbereiche geschaffen und Wassersportanlagen gebaut, sind Wanderwege angelegt und Anlagen für den Wintersport und die Freizeitbetätigung geschaffen worden. Viele dieser Erholungsgebiete laden mit ihren schmucken Häusern, den sauberen Straßen und der abwechslungsreichen landschaftlichen Umgebung zum Verweilen ein, fördern allein durch angenehme Aufenthaltsbedingungen den Erholungsprozeß.

In den letzten Jahren haben sich besonders drei Möglichkeiten des Erholungsaufenthaltes entwickelt: das Zelten, das Wohnen in kleinen Ferienhäusern und der Aufenthalt in einem Ferienheim. Das Zelten oder Camping ist eine landschaftsbezogene Wohnform mit langen Traditionen. Während früher vor allem junge Menschen am Camping teilnahmen, mit dem Zelt im Rucksack die schönsten Gegenden durchwanderten oder sich in einem Campinglager zu Sport und Spiel, zu Geselligkeit und zu Diskussionen zusammenfanden, beteiligen sich heute fast alle Altersgruppen an dieser Form des Tourismus. Besonders zahlreich sind Familien mit Kindern auf Campingplätzen vertreten. Das Campingwesen hat sich mit der Zunahme der Motorisierung besonders stark entwickelt. Während im Jahre 1964 erst 720 000 Bürger auf den Campingplätzen unseres Landes übernachteten, waren es 1980 mehr als zwei Millionen. Die Mehrzahl der über fünfhundert Campingplätze der DDR liegt in den landschaftlich schönsten Gegenden, an Wasserflächen und auf Bergwiesen. Viele sind so in die landschaftlichen Gegebenheiten eingefügt, daß sich die Zeltenden geborgen fühlen, aber auch die Weite der umgebenden Landschaft erleben können. Die größten Campingplätze sind an der Ostseeküste entstanden. Einige davon enthalten Zeltmöglichkeiten für mehr als dreitausend Urlauber pro Tag. An den neuen Talsperren und Speicherbecken im Süden unseres Landes wurden vor allem kleinere, besser zu überschauende Campingplätze angelegt. Die meisten davon sind harmonisch in die gestaltete Landschaft eingefügt worden, wurden in Zeltplatzabschnitte und

-gruppen gegliedert und haben noch etwas vom romantischen Zeltidyll der Vergangenheit. Mit ihren bunten Zelten, den Wiesenflächen und den Gemeinschaftsbauten bereichern sie so manchen schönen Uferbereich.

Parallel zur Entwicklung von Campingplätzen sind in den Erholungsgebieten unseres Landes auch viele Feriensiedlungen, auch Bungalowsiedlungen genannt, entstanden. Dazu wurden in der Regel vorgefertigte, mit einem oder mehreren Wohnräumen und einer Sanitärzelle ausgestattete Leichtbauten verwendet. Ausgelöst durch die wachsende Nachfrage nach Urlaubsplätzen und begünstigt durch das Angebot an solchen Bauten haben Betriebe und überbetriebliche Interessengemeinschaften zuerst einzelne Ferienhäuser den bestehenden Ferienheimen zugeordnet und später ganze Siedlungen errichtet. Allgemein bekannt sind die FDGB-Feriensiedlungen in Waren/Klink am Müritzsee, die Feriensiedlungen in Boltenhagen und in Vitte auf Hiddensee, die Feriensiedlungen am Helenensee bei Frankfurt, bei Knappenrode, im Erholungsgebiet Senftenberger See und viele andere mehr. Sehr viele Feriensiedlungen dieser Art liegen an den Seen, Talsperren und Speicherbecken, bilden punkt- oder bandförmige Siedlungskerne im Uferbereich dieser Wasserflächen. Einzelne Siedlungen sind an bestehende Dörfer und an größere Ferienheime angelagert worden und ergänzen sinnvoll das dort bereits Vorhandene. In allen Planungen wird eine gute Verbindung solcher Bungalowsiedlungen mit der umgebenden Landschaft angestrebt. Erreicht wurde dieses Ziel besonders dort, wo die Größe der Siedlung, ihre städtebaulich-räumliche Konzeption und die Gebäudeform den landschaftlich-topographischen Bedingungen entspricht und ausreichend viele, gut entwickelte Bäume die Siedlung gliedern und als Maßstab für das Gebaute wirken.

Im Laufe der gesellschaftlichen Entwicklung ist die Landschaft vielfältig verändert worden. Mit der Vervollkommnung der Produktivkräfte und der Produktionsmethoden und der Erweiterung des Wissens sind die Eingriffe in die Struktur und Gestalt der Landschaft immer größer, umfassender und die Zielstellungen immer komplexer geworden. So hat der Mensch die Landschaft allmählich in eine produktive Kulturlandschaft umgewandelt, hat in das Bild der Landschaft viele neue Elemente, große Städte und Siedlungen, hohe Schornsteine und große Industrieanlagen, lange Bewässerungskanäle und regulierte Flüsse, Straßen und Bahnanlagen, Sportstätten und Erholungsanlagen eingefügt. Er hat die Landschaft seinen Bedürfnissen und Anforderungen entsprechend umgestaltet.

Durch das aktive Einwirken des Menschen auf die Ausprägung der Landschaft widerspiegelt sie heute weitgehend den auf ökonomischem und kulturellem Gebiet erreichten Entwicklungsstand, ist sie für uns sowohl ein Ausdruck unserer Kultur als auch ein lebendiges Geschichtsbuch. Viele Gebäude und Anlagen aus vergangener Zeit sind heute noch vollständig oder in Teilen erhalten, vermitteln uns einen Eindruck vom Denken und Handeln, vom Wollen und Können vergangener Generationen. Viele Anlagen widerspiegeln die großen gesellschaftlichen und ökonomischen Veränderungen, sind Ausdruck der Geisteshaltung der jeweils herrschenden Klasse.

Zu den Anlagen, die als Denkmale menschlichen Wirkens heute einen hohen kulturhistorischen Wert besitzen, zählen auch viele Schöpfungen der Landschaftsarchitektur: historische Gärten an Burgen und Schlössern, Parks und gestaltete Landschaftsräume. Viele dieser Anlagen dienten dem Adel und dem Großgrundbesitz zur Demonstration ihrer Macht. Hier wurden große Feste gefeiert und kurzweilige Spiele veranstaltet, hier gab man Empfänge und legte kostbare Pflanzensammlungen an. Die aus dieser Zeit noch erhaltenen Gärten und Parks, die Gärten und Parks des Bürgertums und die für das ganze Volk angelegten Kultur- und Sportparks unserer Tage sind heute intensiv genutzte Erholungsstätten mit oftmals mehr als zwei Millionen Besuchern pro Jahr (iga Erfurt, Tierpark Berlin, Friedrichshain Berlin). Sie sind Beispiele für die Entwicklung auf dem Gebiet der Landschaftsarchitektur, Objekt für unterschiedliche Untersuchungen und haben noch heute großen Einfluß auf die weitere städtebauliche Gestaltung ganzer Stadtgebiete. Je nach den Bedingungen zur Zeit ihrer Entstehung hatten die Gärten und Parks unterschiedliche Aufgaben, sind sie unterschiedlich groß, verschieden zugeordnet und ausgestattet. Aus dem Mittelalter sind uns relativ kleine Burg- und Klostergärten überliefert. Sie enthielten Blumenwiesen und Beete mit Küchenkräutern. In der Renaissance wird der Garten zum Aufenthaltsort. Er wird größer und in Beziehung zum Schloß angelegt. Die Blumenwiese wird zum Parterre, das nun schachbrettartig gegliedert und mit beschnittenen Buchsbaumhecken und -pyramiden sowie mit Wasserspielen ausgestattet ist. Grotten, Heckenrondells und Baumbosketts ergänzen das Parterre. Mit dem Erstarken des Absolutismus entstehen die bekannten und zum Teil noch erhaltenen Barockgärten. Nach dem Vorbild der französischen Parkanlagen, vor allem des von Le Notre geschaffenen Parks von Versailles, gestaltet, zeichnen sie sich aus durch ihre Ausrichtung auf das Schloß, durch die enge Verbindung zwischen dem Haus und dem Garten, durch genau bestimmte Raumfolgen, großzügige Achsen und das Eingehen auf die gegebenen topographischen Bedingungen. Es sind großartige Gartenschöpfungen, die in dieser Zeit entstanden sind:

Der Große Garten in Dresden ist mit 154 Hektar Fläche die älteste und zugleich größte Barockanlage dieser Stadt. Trotz vieler Umgestaltungen sind die Hauptachsen und die Umrisse des ehemaligen Parterres erhalten geblieben.

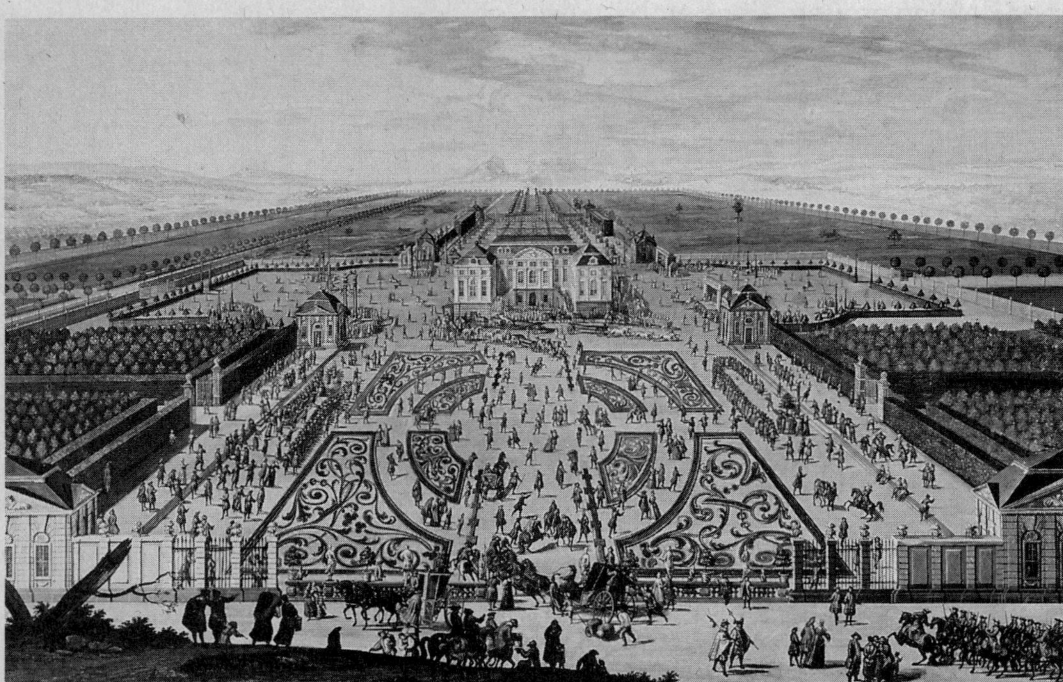

Johann Samuel Mock:
Das Palais im Großen Garten,
Dresden (1709)

Der Barockpark Großsedlitz, auch als Fragment einer großangelegten Planung, zeugt noch heute vom großen Können der Architekten und Gärtner dieser Zeit. In ein Tal hinein entwickelt, ist diese Anlage ein Beispiel für die meisterhafte Ausnutzung von topographischen Gegebenheiten.

Der Rheinsberger Park ist den landschaftlichen Gegebenheiten entsprechend um den Rheinsberger See herum entwickelt worden. Der Schloßgarten am Schloß Schwerin beeindruckt mit den zum Teil wiederhergestellten Alleen und Parterres sowie dem bekannten Kreuzkanal. In aller Welt bekannt ist der Park an den Schlössern von Potsdam, Sanssouci, dessen barocke Grundkonzeption mit den dem Schloß vorgelagerten Terrassen und Parterres trotz der Umgestaltung großer Teile des Parks erhalten geblieben ist.

Viele Gärten und Parks aus dieser Zeit wären hier noch zu nennen: der Friedenspark in Ballenstedt, der Park in Lichtenwalde, der Schloßpark in Ludwigslust, die Gärten am Schloß Mosigkau bei Dessau, die Anlagen um das Schloß Moritzburg und am Schloß Bothmer bei Klütz.

Die progressiven Veränderungen auf geistigem und ökonomischem Gebiet, der Einfluß des aufstrebenden Bürgertums und der sich entwickelnden Industrie finden dann im Landschaftspark ihre Entsprechung. Abkehr von der Regelmäßigkeit und Unterordnung, Wiederentdeckung und Hinwendung zur Natur und das Bestreben zur Verschönerung der Landschaft führten zu Parkschöpfungen, die sich durch malerische, tief gestaffelte, maßstäblich ausgewogene landschaftliche Räume und Pflanzungen und eine enge Verbindung zur Landschaft auszeichnen. Das älteste Beispiel dieses neuen Stiles der Landschaftsarchitektur in unserem Land ist der Wörlitzer Park in der Elbniederung bei Dessau. 120 Hektar Fläche umfaßt das in die Gestaltung einbezogene Gebiet. Gärtnerische Anlagen, Wasserflächen und landwirtschaftliche Fluren wurden zu einer Einheit zusammengefaßt und mit vielen Sonderelementen und Attraktionen zu einer besonderen, sehr romantischen Erlebniswelt entwickelt. Zeitlich etwas später und ohne romantischen Einschlag sind die Anlagen an der Ilm in Weimar, die große Parklandschaft von Muskau, der Branitzer Park, der Neue Garten in Potsdam, die Konzeptionen für die neue Gestaltung des Parks von Potsdam Sanssouci, des Großen Gartens in Dresden und viele andere mehr entstanden. Die Größe vieler dieser Parks, die Meisterschaft, mit der Raumfolgen und Differenzierungen erreicht wurden, sind aus der Fußgängerebene oft nur teilweise überschaubar. Auch hier hilft uns das Luftbild, das Ganze zu erfassen, die Beziehungen einzelner Teile zueinander und zur umgebenden Landschaft zu erkennen.

Gesellschaftlich besonders bedeutsam war die Entwicklung des ersten Volksparks, des Klosterberge Gartens in Magdeburg durch P.J. Lenné im Jahre 1823. Erstmals wurde ein Park für die öffentliche Nutzung, für das Volk entwickelt und verwirklicht. Große Wiesenflächen zum Lagern, Sitzplätze für ältere Bürger und Spielplätze für die Kinder, geschwungene Wege und landschaftliche Raumbildungen bestimmten den sich entwickelnden neuen Typ. Dem frühen Beispiel eines städtischen Parks folgten in der ersten Hälfte des 19. Jahrhunderts zahlreiche Bürgerparks und Stadtparks, wie die Bürgerwiese in Dresden und der Lennépark in Frankfurt/Oder. Mit der Entwicklung des Industrieproletariats zu einer politisch bedeutenden Kraft in der Mitte des vorigen Jahrhunderts sehen sich viele Gemeindekörperschaften gezwungen, »Erholungsanlagen für alle Stände« zu schaffen. Daher entstehen in der Folgezeit in vielen Städten zum Teil beachtlich große, vorwiegend landschaftlich gestaltete und nach dem Vorbild des Magdeburger Volksparks entwickelte Parks. Die bedeutsamsten Beispiele sind der Friedrichshain und der Treptower Park in Berlin.

Auch in unserer Zeit sind in vielen Städten und Ballungsgebieten neue, große Parks angelegt worden. Damit wurden neue Möglichkeiten für die Erholung und Freizeitgestaltung geschaffen, die lufthygienischen Verhältnisse positiv beeinflußt und die Lebensbedingungen für viele Bürger weiter verbessert. Meist auf schwer bebaubarem Gelände liegend, ergänzen sie die Freizeitanlagen an den Wohngebäuden mit großen Spielplätzen, Anlagen für Freizeitspiel und -sport, mit interessanten Pflanzungen und ruhigen Sitzplätzen, gliedern sie die Stadt in erkennbare Funktionseinheiten und bereichern sie manches innerstädtische Wohngebiet. In dichtbesiedelten Berliner Stadtgebieten entstanden der Volkspark am Weinbergsweg und der Volkspark Prenzlauer Berg, in Leipzig wurden mehrere historische Parks zum Clara-Zetkin-Park vereinigt und in Eisenhüttenstadt der Aufbau eines zentralen Sport- und Kulturparkes begonnen. Neue Wohngebietsparks verbinden die Wohngebiete im Nordwesten von Rostock und ergänzen die Erholungsmöglichkeiten in Halle-Neustadt, Erfurt und in Berlin-Marzahn. Zu den neuen Parks zählen aber auch so bedeutende Anlagen wie die »iga« in Erfurt, die »agra« in Leipzig, der Tierpark in Berlin und der Zoopark in Erfurt, die Peißnitzinsel in Halle und der Kulturpark in Neubrandenburg.

Die Verschönerung der Landschaft, ihre Erschließung, Gliederung und planmäßige Bepflanzung waren Ziele bedeutender Landschaftsarchitekten des vorigen Jahrhunderts. Die Parklandschaft von Muskau und der Entwurf zum »Verschönerungsplan der Umgebung von Potsdam« (Lenné 1833) sind die bekanntesten Beispiele dafür. War das Planungsziel der Vergangenheit die schöne Landschaft, so ist es heute unsere Aufgabe, Bedingungen zu schaffen, die eine hohe Nutzung des Territoriums ermöglichen, die Natur erhalten und die Lebensbedingungen des Menschen weiter verbessern. »Die Natur als Quell des Lebens, des materiellen Reichtums, der Gesundheit und der Freude der Menschen zu erhalten, rationell auf wissenschaftlicher Grundlage zu nutzen ist notwendig, damit sie dem gesicherten und glücklichen Leben kommender Generationen der Gesellschaft dienen kann.« In diesem auf die Zukunft orientierten Sinne sind der Schutz und die Gestaltung der Landschaft, die Pflege der Grünflächen in den Wohngebieten und die Erhaltung der Bäume, die zweckmäßige, ökologischen und kulturästhetischen Zielstellungen entsprechende Entwicklung der Umwelt große Aufgaben der Gesellschaft.

Unser Land, die Landschaft, in der wir wohnen, ist schön – ihre Schönheit zu erhalten und zu erweitern ist unser Ziel.

◁ Wiesenlandschaft

Hagenow. Bezirk Schwerin

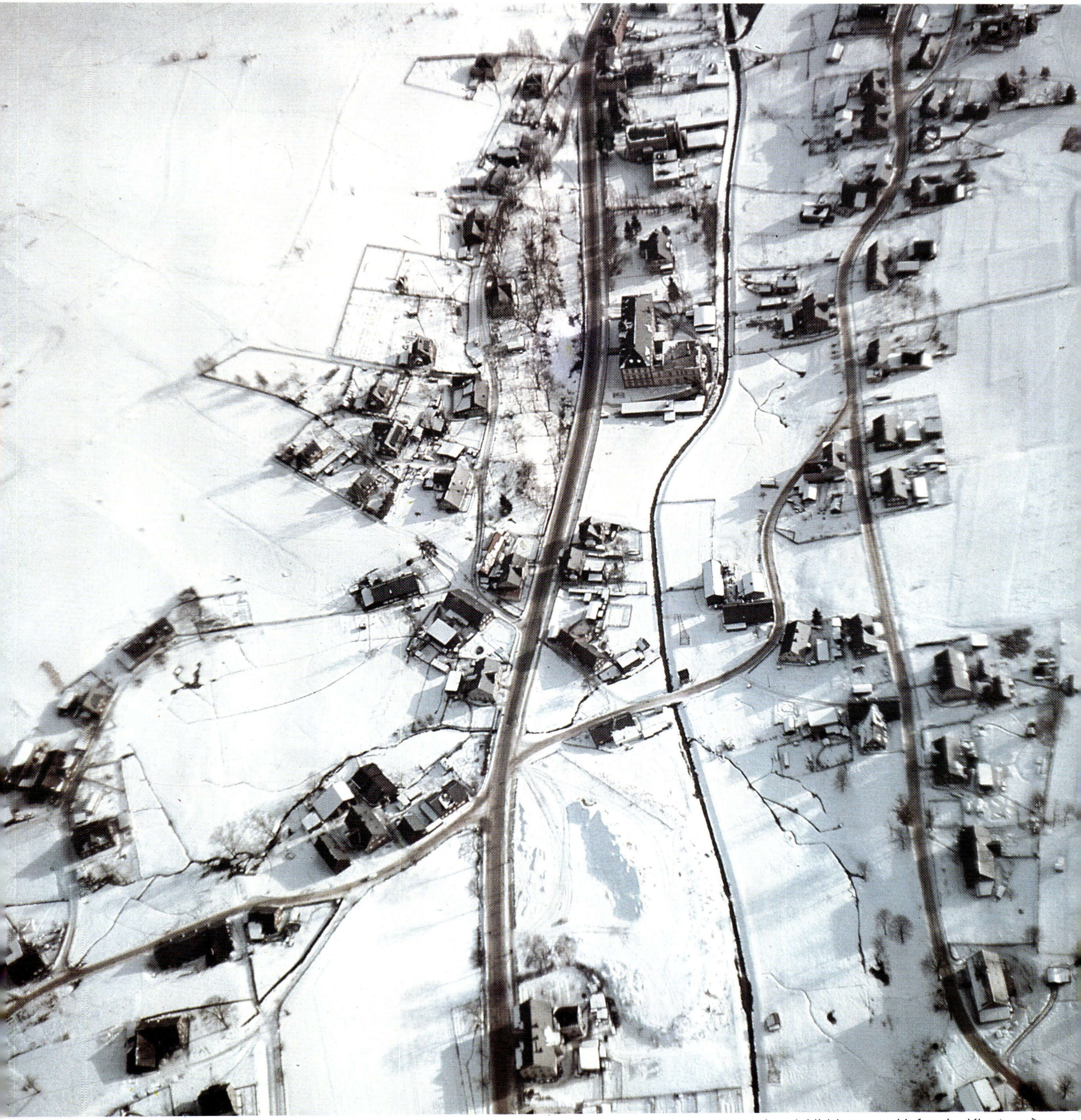

Klingenthal im Vogtland

Insel Hiddensee. Hafen in Kloster ▷

Dresden. Der Große Garten

Schloß Pillnitz ▷

Kulturlandschaft

Reflexe

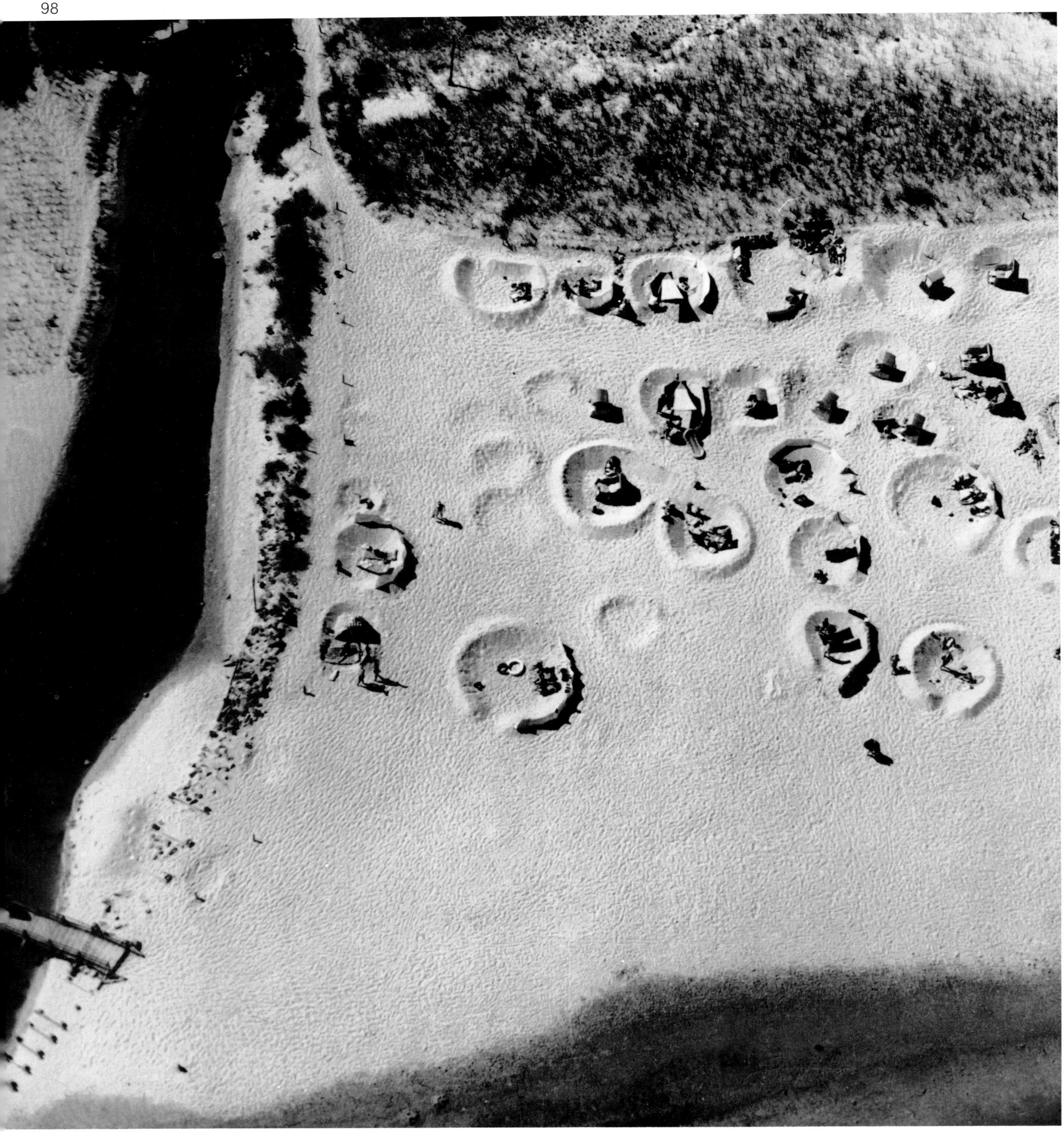

Ostseestrand

Seebad Ahlbeck

Festung Königstein ▷

Bergsteiger im Elbsandstein

Elbbogen mit Lilienstein

Ehemaliger Braunkohlentagebau

Spremberger Stausee

Rügenlandschaft

Crivitz, Bezirk Schwerin

Insel

Schafherde

Schloß Rheinsberg (Mark)

Gera. Orangerie und Park der Opfer des Faschismus ▷

Erholungslandschaft

Autobahn

Park Sanssouci. Chinesisches Teehaus

Schloß Sanssouci. Große Fontäne und Weinbergterrassen

Kloster Chorin ▷

◁ Badestelle am Knappensee

Schönefelder Kreuz

Teterower See

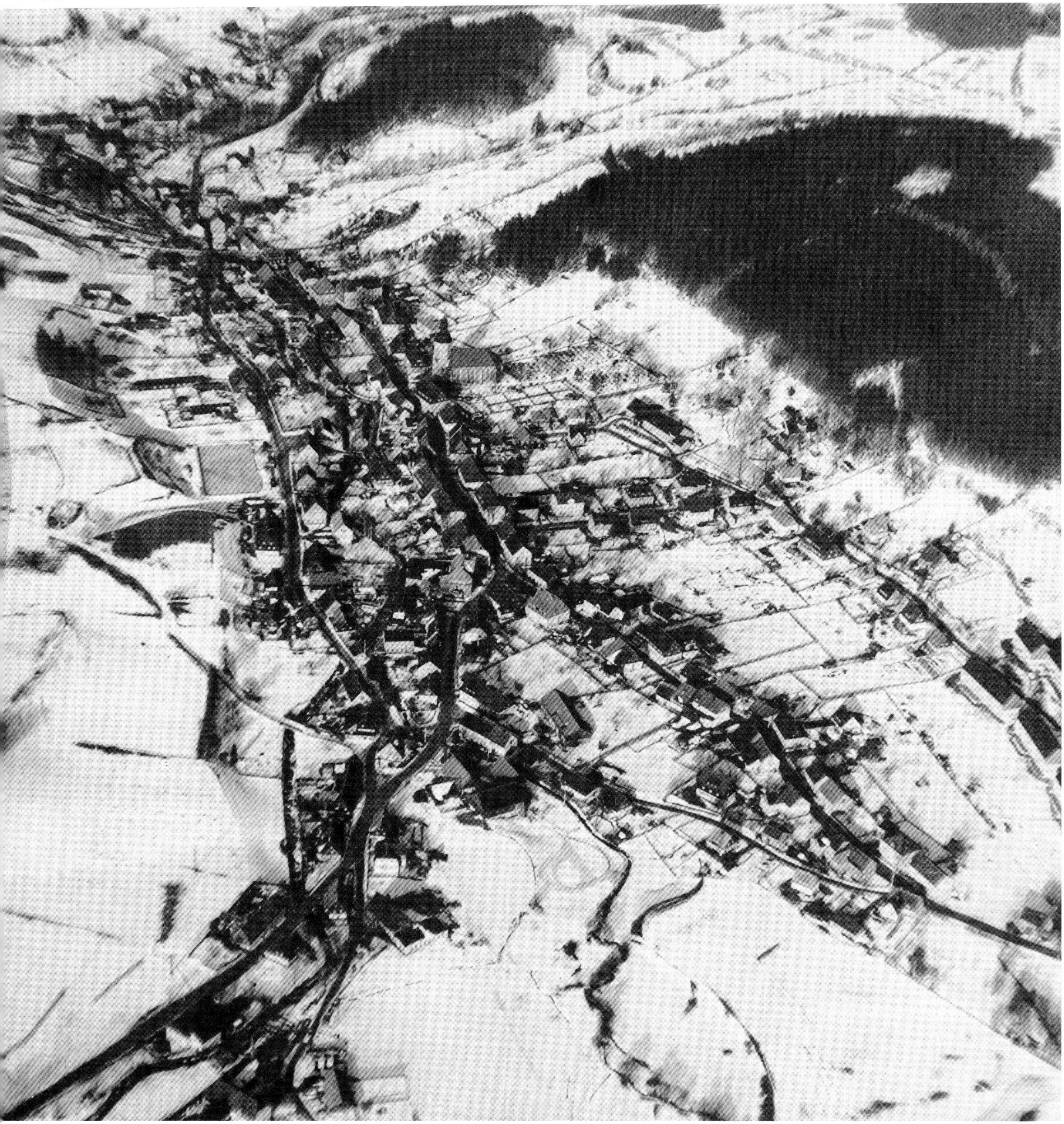

Geising im Osterzgebirge

Rennschlittenbahn bei Oberhof

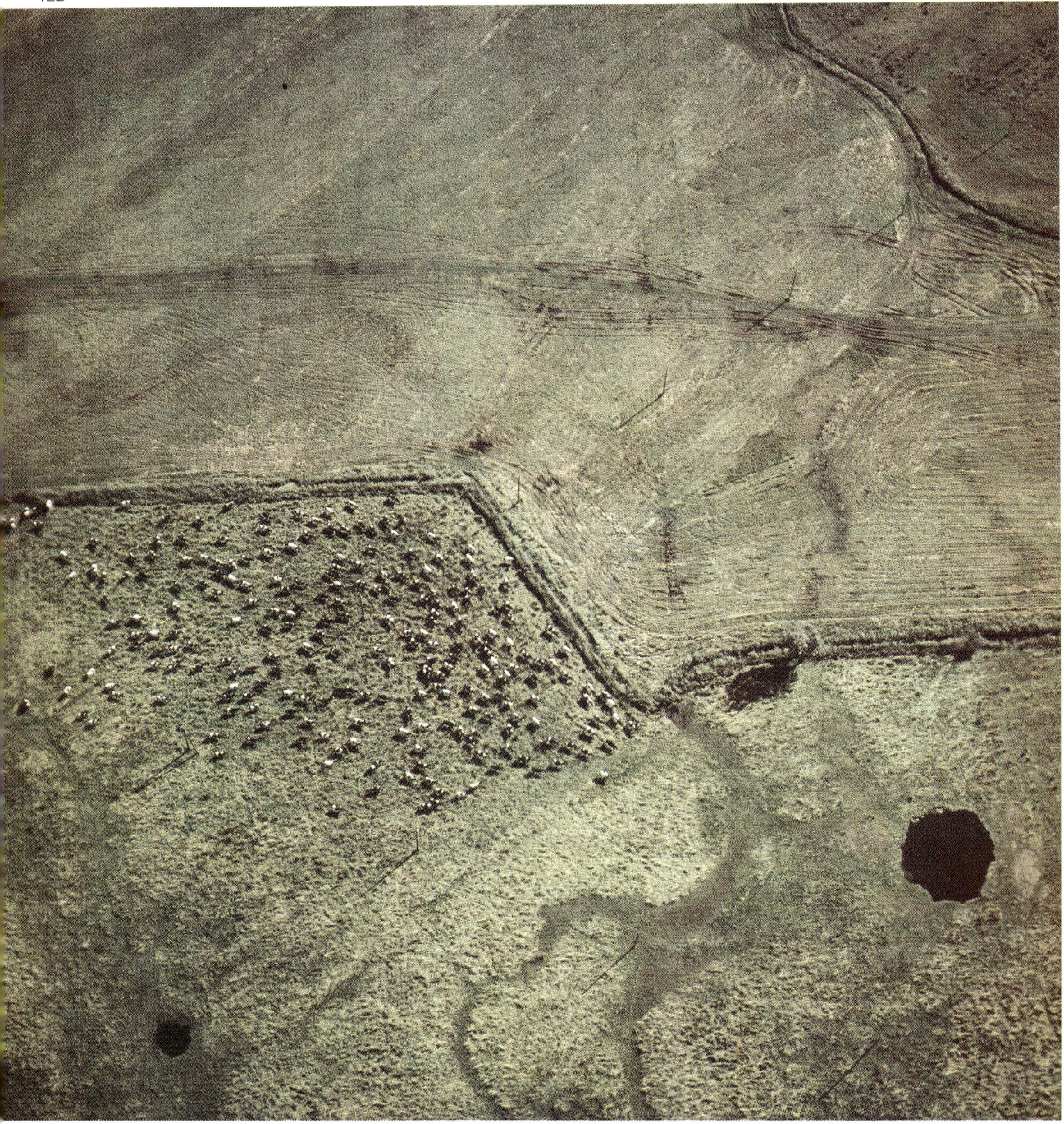

Milchviehherde

Erfurt. Blumenfelder zur Saatgutgewinnung

Stadtlandschaft Eisenhüttenstadt

Landschaft im Harzvorland ▷

Wehr

Insel Hiddensee. Boddenlandschaft

Nach der Ernte

Elbsandsteingebirge. Schrammsteingebiet

Weimar. Park an der Ilm

Schloßruine Muskau

Schloß Moritzburg ▷

◁ Teufelsmauer am Nordrand des Harzes

Saalebogen bei Barby

Dresden. Neues Palais im Großen Garten

Erholungszentrum am Stausee Hohenfelden, Bezirk Erfurt ▷

STRASSEN

UND PLÄTZE PRÄGEN SEIT HUNDERTEN VON Jahren das Bild unserer Städte und Dörfer. Sie sind zusammen mit den herausragenden Gebäuden und Ensembles, den historisch entstandenen Burg- und Schloßanlagen, den Stadtmauern und -türmen, Kirchen und Rathäusern, den Parkanlagen und Grünzügen und selbstverständlich auch den Bauten der Produktion und Wissenschaft, der Kultur und Bildung die städtebaulich bestimmenden Elemente einer Stadt. Aus ihnen erwächst das, was wir das »Antlitz der Stadt« nennen – jenes Einmalige, Unverwechselbare, Unwiederholbare, das eine Stadt von einer anderen unterscheidet, das sie Heimat werden läßt für die, die in ihr leben, und das sie anziehend macht für die, die sie besuchen.

So wie die Gesichter der Menschen Gemeinsames und Individuelles haben, so zeigen auch unsere Städte und Siedlungen Gemeinsamkeiten und Unterschiede zugleich. Das war in der Vergangenheit nicht anders als es heute ist. Denn die Städte und Siedlungen sind Ergebnisse der Entwicklung der Produktivkräfte und Produktionsverhältnisse und Ausdruck dieser Entwicklung. Darin liegt ihr Gemeinsames. Zugleich aber sind sie, ganz individuell, das spezifische Ergebnis einer jeweiligen konkreten Auseinandersetzung der stadtbildenden Kräfte mit den gegebenen äußeren Bedingungen, das heißt mit dem Standort der Stadt, seinen topographischen Gegebenheiten, seinen klimatischen, landschaftlichen und regionalen Besonderheiten. Darin liegt das Individuelle, Unterschiedliche. Und freilich auch in den subjektiven Vorstellungen und Ideen der jeweiligen Stadtväter und Landesherren, ihrer Baumeister und Ingenieure, Städteplaner und Architekten.

Unsere Städte und Siedlungen geben, besonders beim Blick von oben, ein anschauliches Bild davon, wie sich Funktion und Gestalt der Straßen und Plätze im Laufe der Jahrhunderte gewandelt haben.

In den frühmittelalterlichen Burganlagen – die aus dem Anfang des 11. Jahrhunderts stammende Wartburg bei Eisenach mag dafür als Beispiel gelten – gab es noch keine Straßen und Plätze im eigentlichen Sinn. Wenige Einzelgebäude waren um einen oder mehrere Burghöfe gruppiert, die Gesamtanlage und der äußere Abschluß ausschließlich auf Schutz und Verteidigung ausgerichtet.

Anders die ersten mittelalterlichen Städte: Hier entstand mit dem Marktplatz, der aus den Straßenmärkten an den Handelsstraßen und ihren Kreuzungen hervorgegangen war, der wirtschaftliche und gesellschaftliche Mittelpunkt der Stadt. Von diesem Hauptplatz gehen Straßen in die wichtigsten Richtungen ab, werden miteinander verflochten, bilden schließlich ein mehr oder weniger regelmäßiges Straßennetz, das die einzelnen Baublöcke begrenzt. Am Marktplatz entstehen in Übereinstimmung mit der wachsenden wirtschaftlichen Kraft der Stadt und mit dem Erstarken der Macht des Bürgertums das Rathaus, die Häuser der Zünfte und oft auch die Stadtkirche. An zahlreichen größeren und kleineren Städten in der DDR läßt sich dieses Prinzip noch heute auf sehr eindrucksvolle Weise erkennen – denken wir nur an Rostock, Stralsund, Greifswald, Perleberg, Wittenberg, Torgau, Altenburg, Leipzig, Halle, Naumburg oder Weimar.

Besonders interessante und reizvolle Folgen von Straßen und Plätzen entstanden dort, wo – wie beispielsweise in Erfurt, Magdeburg, Meißen und Freiberg – die mittelalterliche Stadt in enger räumlicher Beziehung zu einem Dombereich bzw. einer Feudalburg angelegt wurde. Oder dort, wo – wie in Görlitz, Gotha und Annaberg – das bewegte Gelände zu einer höhenmäßig differenzierten Raumfolge beitrug.

Es ist bemerkenswert, wie verhältnismäßig ähnlich die räumlichen Abmessungen unserer aus dem Mittelalter stammenden Marktplätze sind. Sie gehen in einer Richtung meist nicht über 120 bis 150 Meter hinaus. Die kleinere Platzseite erreicht im allgemeinen nur eine Länge von maximal 60 bis 70 Meter. Der Markt in Leipzig mit seinen Abmessungen von etwa 150 mal 70 Meter und seiner Fläche von etwa einem Hektar ist dafür ein charakteristisches Beispiel.

Eine große Vielfalt der Form entwickeln mittelalterliche Plätze aber durch die Art und Weise, wie die Gebäude an diesen Plätzen angeordnet sind. Da steht das beherrschende bürgerliche Bauwerk, das Rathaus, an einer der Längsseiten des Platzes – wie in Stralsund, Rostock, Torgau, Altenburg und Leipzig –, an der Schmalseite – wie in Magdeburg, Wismar und Greifswald – oder auf dem Marktplatz selbst – wie in Wittenberg, Perleberg, Jüterbog und Tangermünde. Markante Höhendominanten, die Turmbauten der Rathäuser und benachbarten Stadtkirchen, wirken oftmals in unverwechselbarer Weise in den Platzraum hinein, geben ihm eine charakteristische Betonung und unterstreichen seine Bedeutung in der Gesamtkonzeption der Stadt. Die Marktplätze solcher Städte wie Rostock, Stralsund, Naumburg, Halle, Zwickau, Gotha und Eisenach sind gute Beispiele dafür.

Wie außerordentlich angenehm Raumfolgen wirken, die aus mehreren aufeinanderfolgenden städtischen Plätzen bestehen, zwischen denen jeweils einige charakteristische Gebäude »vermitteln«, zeigt sich besonders in Görlitz (Obermarkt und Untermarkt), Gotha (Münzerplatz, Hauptmarkt, Buttermarkt, Neumarkt, Arnoldiplatz), Altenburg (Markt, Topfmarkt, Kornmarkt) und Bautzen (Hauptmarkt, Fleischmarkt).

Überraschend ist oft, mit welch geringen Breiten mittelalterliche Stadtstraßen ausgekommen sind. Selbst solche bedeutenden Handelsstraßen wie jene, die über die Krämerbrücke in Erfurt führte, waren nur so breit, daß gerade zwei Fuhrwerke aneinander vorbei kamen. In vielen unserer alten Städte liegen die Straßenbreiten bei durchschnittlich zwei- bis dreigeschossiger Bebauung zwischen zehn und fünfzehn Metern. Das ist angenehm für den Besucher und Touristen, im allgemeinen zumutbar für die Bewohner, aber oft mit großen Schwierigkeiten und Belastungen dann verbunden, wenn in derart engen Räumen heute neben dem Fußgängerverkehr auch noch der Autoverkehr oder gar der öffentliche Personennahverkehr mit Straßenbahnen bzw. Bussen geführt werden muß, wie das vor wenigen Jahren noch in größeren Bereichen der Innenstädte von Halle und Potsdam der Fall war und wie es teilweise im Zentrum von Erfurt, Schwerin, Güstrow und anderen Städten gegenwärtig noch nötig ist, weil die Rekonstruktion der innerstädtischen Verkehrsnetze nur schrittweise erfolgen kann.

Gänzlich anders als die mittelalterlichen Räume und Raumfolgen wurden städtische Achsen, Alleen und Plätze im 17. und 18. Jahrhundert, in der Epoche des Absolutismus, angelegt. Die ehemalige Hauptstraße in der Dresdner Neustadt – im zweiten Weltkrieg zerstört, in den letzten Jahren als attraktiver Fußgängerboulevard

(Straße der Befreiung) neu gestaltet – entstand im frühen 18. Jahrhundert als Allee mit einer Breite zwischen dreißig und fünfzig Metern. Die Straße Unter den Linden in Berlin wurde aus einem ursprünglichen Reitweg zu einer großzügigen, mit sechs Reihen Linden bestandenen Esplanade umgestaltet und erhielt ihre gültige Gestalt um die Mitte des 18. Jahrhunderts: Straßenbreite etwa sechzig Meter, Höhe der Bebauung etwa zwanzig Meter.

Repräsentative neue Anlagen, Schlösser, Straßen und Plätze wurden im 17. und 18. Jahrhundert aber auch in Potsdam, Gotha und Ludwigslust geschaffen. Ende des 18. und in der ersten Hälfte des 19. Jahrhunderts erfuhr schließlich auch die Klassikerstadt Weimar ihre entscheidende Ausprägung: Anlage der Esplanade (Schillerstraße), Gestaltung des Wielandplatzes und des Goetheplatzes, Bau des Schillerhauses und des Hauses der Frau von Stein, Anlage des Ilmparkes mit dem Römischen Haus und Goethes Gartenhaus, Bebauung des Theaterplatzes, Bau des Wittumspalais' und der Kunsthalle sowie weiterer bedeutender klassizistischer Bauwerke.

Für das Straßensystem vieler Städte entscheidende Veränderungen wurden im 19. Jahrhundert vorgenommen. Die bis dahin noch erhalten gebliebenen Stadtbefestigungen, Mauern, Wallanlagen und Grabensysteme wurden beseitigt und an ihrer Stelle großzügige Grünanlagen und Verkehrsringe geschaffen. Zugleich entstanden mit dem wirtschaftlichen Erstarken des Kapitalismus und der industriellen Revolution bedeutende Stadterweiterungen – Vorgänge, die man an der Stadtgestalt zahlreicher Städte in der DDR heute noch ausgezeichnet ablesen kann: Hauptstadt Berlin, Messestadt Leipzig, die Bezirksstädte Dresden, Halle, Rostock, Erfurt und Neubrandenburg sowie eine große Anzahl von Mittel- und Kleinstädten vor allem in den mittleren und südlichen Bezirken. Durch das Wirken einer Reihe bedeutender bürgerlicher Architekten wie Karl Friedrich Schinkel (1781-1841) und Gottfried Semper (1803 bis 1879) erhielten insbesondere Berlin und Dresden städtebauliche Ensembles von großer kultureller Bedeutung. So führte Schinkel, der »Baumeister des klassizistischen Berlins«, mit dem Bau der Neuen Wache,

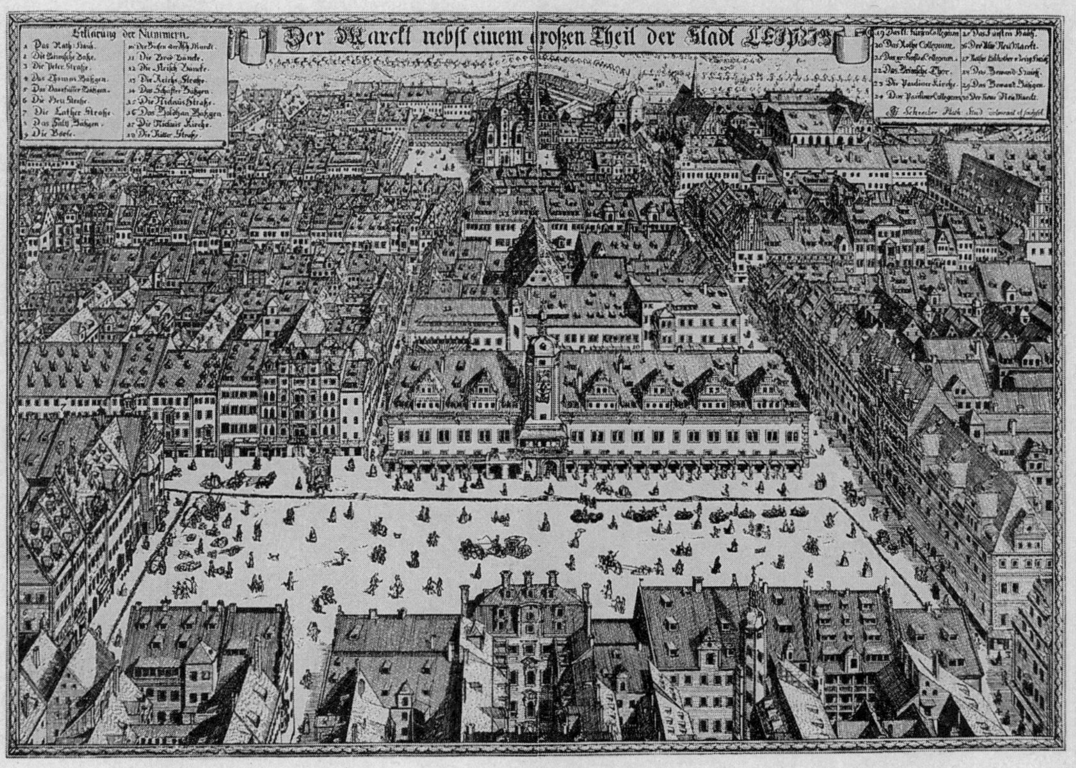

Johann Georg Schreiber:
Der Altmarkt in Leipzig (1712)

dem Schauspielhaus und dem Alten Museum am Lustgarten das im 18. Jahrhundert entwickelte »Berliner Forum«, die Gestaltung des Platzes der Akademie (früher Gendarmenmarkt) und das Ensemble zwischen Spree und Spreekanal zur Vollendung. Semper, der in Dresden, anknüpfend an Pläne des 18. Jahrhunderts, die Idee für ein Forum entwickelt hatte, das vom Zwinger bis zur Elbe führen sollte, konnte nur dessen erstes und bedeutendes Element verwirklichen, die sogenannte Semper-Oper, die nach den schweren Zerstörungen des zweiten Weltkrieges gegenwärtig wiederaufgebaut wird.

Aus der Zeit um die Jahrhundertwende und aus den ersten Jahrzehnten unseres Jahrhunderts stammen neben den Wohn- und Geschäftshäusern in zahlreichen Stadtzentren, einigen wenigen Gartenstädten, zum Beispiel Dresden-Hellerau und den Wohnsiedlungen aus den zwanziger Jahren, darunter auch die Bauhaus-Siedlung in Dessau-Törten sowie Siedlungen des Architekten Bruno Taut in Berlin und Magdeburg, nur relativ wenige herausragende städtebauliche Räume, Straßen und Plätze. Die Schwerpunkte des Wohnungsbaues hatten sich auf die Lösung sozialer und funktioneller Fragen verlagert (Anfänge eines rationellen Massenwohnungsbaues vor allem für Familien mit geringem Einkommen, stärkere Berücksichtigung hygienischer Anforderungen wie Belichtung und Besonnung der Wohnungen, Begrünung der Wohngebiete, Einordnung kleinerer Gemeinschaftseinrichtungen). Daß es sich dabei unter den damaligen Bedingungen nur um begrenzte Einzelvorhaben ohne Verallgemeinerungsfähigkeit handeln konnte, liegt auf der Hand.

1951 begann in der DDR das »Nationale Aufbauprogramm«. Als erstes großes Bauvorhaben in diesem Programm wurde der 1700 Meter lange Bauabschnitt der Karl-Marx-Allee in der Hauptstadt Berlin realisiert. Dieser Straßenzug wurde als einheitliches städtebauliches Ensemble geplant und gestaltet und stellte zugleich den ersten Teil einer neuen zentralen Ost-West-Achse der Hauptstadt dar. Bei der Gestaltung der Gebäude wurden traditionelle Architekturelemente, besonders aus dem Berliner Klassizismus des 18. und 19. Jahrhunderts, aufgenommen und weiterentwickelt. Der neunzig Meter breite Straßenzug mit seiner etwa dreißig Meter hohen Randbebauung bereicherte das Stadtbild der Hauptstadt, inmitten von Trümmern und Ruinen, auf eine qualitativ völlig neuartige Weise, ließ damals schon erkennen, zu welch begeisternden Bauleistungen eine Gesellschaft fähig ist.

In ähnlicher Form wie in Berlin entstanden auch in anderen zerstörten Großstädten neue städtische Ensembles, wie zum Beispiel die Lange Straße in Rostock, die Bebauung am Altmarkt in Dresden und die Ringbebauung in Leipzig. Eine Reihe bedeutender Kulturbauten wurden wiederaufgebaut, darunter der weltbekannte Zwinger und die Gemäldegalerie in Dresden. Zugleich wurden, zunächst noch mit traditionellen Baumethoden, neue Wohnstraßen und Wohnviertel in zahlreichen größeren und mittleren Städten errichtet. Ab 1950 begann mit dem Bau von Eisenhüttenstadt erstmals die Anlage einer neuen Stadt in der DDR nach den Grundsätzen sozialistischen Städtebaus.

Der Übergang vom traditionellen zum industriellen Bauen seit der Mitte der fünfziger Jahre führte zu einem bedeutenden Aufschwung des Bauwesens in unserem Land, sowohl im Industriebau als insbesondere im Wohnungsbau. Wurden im Jahre 1955 etwa 33 000 Wohnungen fertiggestellt, so waren es 1957 bereits 61 000 und 1960 schon mehr als 80 000. Der Wohnungsbau wurde schon damals komplex geplant, vorbereitet und realisiert, das heißt, daß mit den Wohnungen zugleich auch die erforderlichen Gemeinschaftseinrichtungen, Grünflächen, Spielplätze und Verkehrsanlagen geschaffen wurden.

Der vorhandene große Bedarf an Wohnungen und die Bedingungen des industriellen Bauens haben in den vergangenen fünfundzwanzig Jahren zur Errichtung einer sehr großen Anzahl neuer Wohnkomplexe und Wohngebiete auf bisher unerschlossenen Flächen im Randgebiet unserer Städte geführt. Zu den größten Vorhaben der sechziger und siebziger Jahre zählen dabei die Neubauwohngebiete Lütten Klein, Evershagen, Lichtenhagen und Schmarl in Rostock, das Wohngebiet Lankow und der Große Dreesch in Schwerin, die Neubrandenburger Oststadt und der Datzeberg, das Gebiet Greifswald-Schönwalde, die Wohnviertel Rieth-

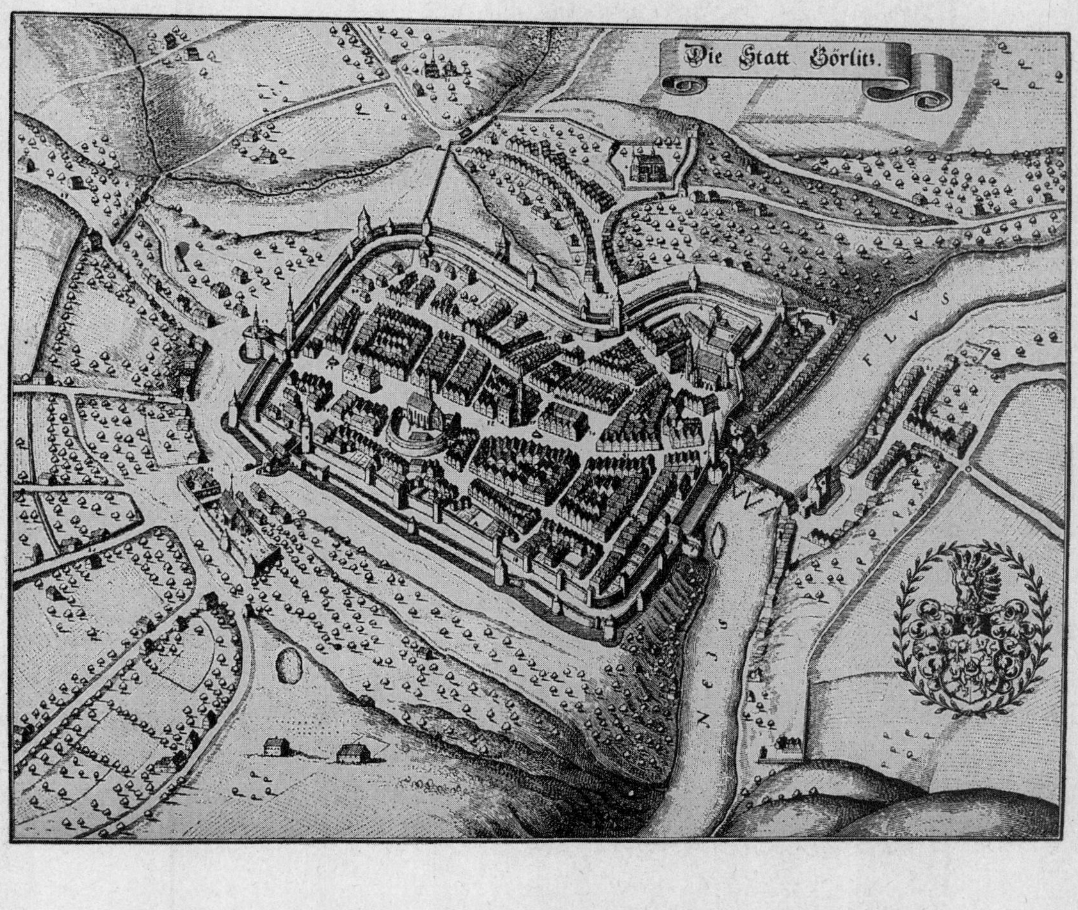

Görlitz (nach Matthäus Merian) um 1650

straße und Nordhäuser Straße in Erfurt, das Gebiet Magdeburg Neustädter See, eine Reihe neuer Wohngebiete in Cottbus und Frankfurt/Oder, die Gebiete Gera-Lusan und Jena-Lobeda, die Wohngebiete Schönefeld und Mockau-West in Leipzig, das Neubaugebiet Dresden-Prohlis sowie die neuen Stadtanlagen in Hoyerswerda, Schwedt und Halle-Neustadt.

Manchen dieser neuen Wohngebiete, vor allem jenen ersten aus den fünfziger und sechziger Jahren, hat die neue Montagetechnologie, haben Vorfertigung, Großplattenbauweise und Taktstraßenproduktion einen unverkennbaren Stempel aufgeprägt. Das zeigen die Luftbilder geradezu provozierend – auch wenn das für den Bewohner aus Augenhöhe heute oft gar nicht mehr so wahrgenommen wird, da inzwischen das heranwachsende Grün viele neue Stimmungen erzeugt. Dennoch fehlt diesen »am Reißbrett« entwickelten Wohngruppen, -komplexen und -gebieten etwas, das den meisten unserer über lange Zeiträume historisch gewachsenen Städten von Grund auf eigen ist: das Spiel von Regelmäßigkeit und Zufall, die Spannung zwischen Bauten aus unterschiedlichen Epochen, das Miteinander verschiedener Baustile, Formen und Materialien.

»Anfechtbar das lineare Grundkonzept unseres Bauens, die Harmonie hängt nicht von der Regularität ab. Wo bleiben die Höfe, die krummen Straßen, die Überschneidungen der Gebäude, wo bleibt der Kontrast, die Überraschung der plötzlich sich öffnenden Sicht, das Spezifische eines Blocks, das ihn dem Gedächtnis einprägt und durch die Jahre hin anziehend macht?« Das schrieb Bertolt Brecht 1955.

Inzwischen konnte bei der Meisterung des industriellen Bauens mancher Erfolg errungen werden. Solche gut gestalteten Wohngebiete wie Berlin Greifswalder Straße, Rostock Lichtenhagen, Erfurt Johannesplatz und Nordhäuser Straße, Cottbus-Sandow, Gera-Lusan, Potsdam Am Kiewitt, und andere legen deutlich Zeugnis dafür ab. Hier ist es gelungen, die natürlichen Gegebenheiten des Baustandortes von Anfang an zu beachten, die gestalterischen Mittel differenziert und konzentriert einzusetzen und die einzelnen Gestal-

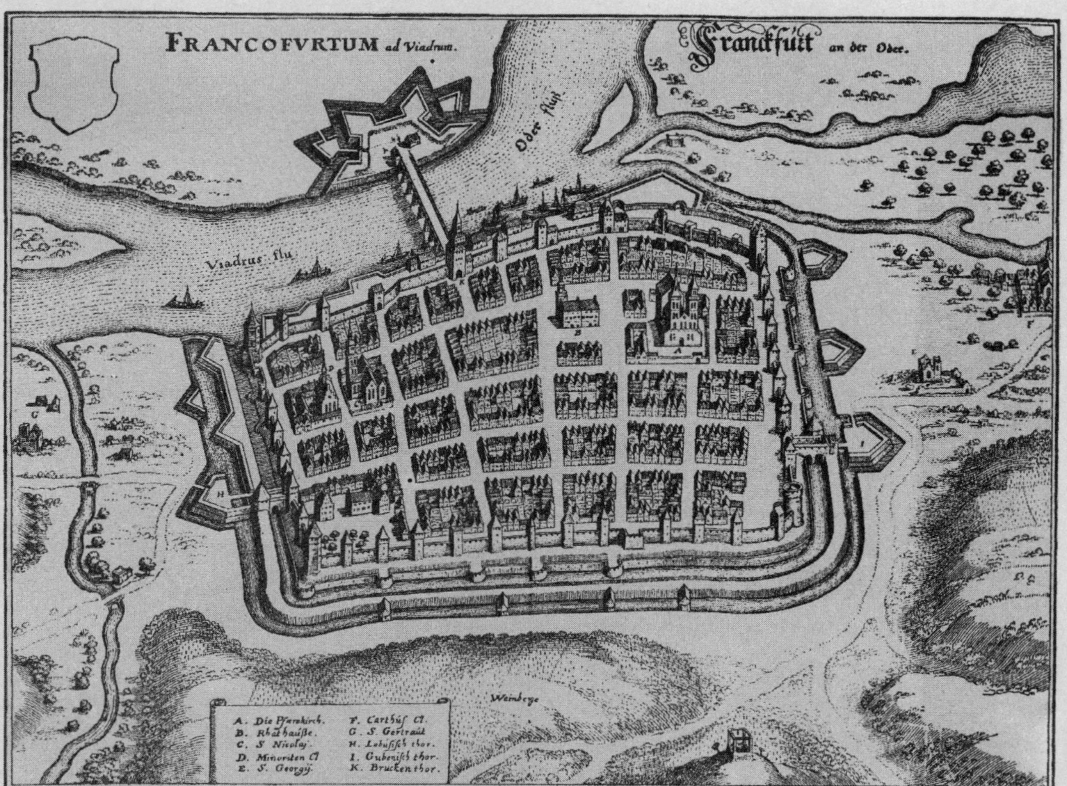

Historische Stadtansicht von Frankfurt an der Oder (17. Jahrhundert)

tungselemente wie städtebauliche Raumbildung, Form und Gestalt der Gebäude, Farbgebung, Grünflächengestaltung und bildende Kunst zu einer überzeugenden Einheit zu verschmelzen. Und was das wichtigste ist: hier gelang es, von den sozialen Bedürfnissen der Bewohner ausgehend, unter den konkreten Möglichkeiten die effektivste und sozial wirksamste Lösung zu finden. Denn »Bauen ist die sozialste unter den Künsten«, so sagte einmal Clara Zetkin. Und unsere unvergessene Brigitte Reimann, Autorin der »Franziska Linkerhand«, bemerkte 1972 in einem Gespräch: ». . Das begann, als ich nach Hoyerswerda zog und jahrelang miterlebte, wie eine ganz neue Stadt gebaut wird, wächst, ein Gesicht bekommt, im Glücksfall sogar zur Heimat wird. Damals mag mir zuerst aufgegangen sein, was ein Haus, Straßen, eine Stadt für das Leben der Menschen bedeuten . . . Um Häuser und Straßen bauen zu können, in denen die Menschen auf eine gute und kluge Weise zusammenzuleben vermögen, muß man die Menschen kennen und ihnen zugetan sein.«

Mit der erfolgreichen Entwicklung der sozialistischen Gesellschaft und der wachsenden wirtschaftlichen Kraft der DDR gewann in den sechziger Jahren neben dem Bau neuer Wohngebiete aber auch eine andere Bauaufgabe an Bedeutung: die Neugestaltung der Stadtzentren der großen Städte, in denen sich das politische und geistig-kulturelle Leben konzentriert.

In der Hauptstadt Berlin wurde der Wiederaufbau der historischen Straße Unter den Linden abgeschlossen und mit der städtebaulichen Gestaltung des Marx-Engels-Platzes, des Alexanderplatzes und des Wohn- und Geschäftsbereiches Rathausstraße/Liebknechtstraße die in den fünfziger Jahren entwickelte Konzeption einer zentralen Kompositionsachse realisiert. Zugleich entstanden auf der Fischerinsel, am Leninplatz und in der Leipziger Straße attraktive hauptstädtische Ensembles. In Dresden wurde die Prager Straße als zentraler Fußgängerbereich mit Läden, Restaurants, Hotels, Kino und Warenhaus gestaltet, an der Thälmannstraße entstand der Kulturpalast. In Leipzig erhielt die Ostseite des Innenstadtringes mit dem Universitätshochhaus und dem Neuen Gewandhaus sowie Wohn- und Gesellschaftsbauten ein neues Aussehen. In Halle wurde der Thälmannplatz zusammen mit einer Verkehrslösung in mehreren Ebenen neu gestaltet. Neue, attraktive Gebäude und Ensembles wurden weiterhin in Cottbus (Stadtpromenade), Potsdam (Interhotel und Friedrich-Ebert-Straße), Frankfurt/Oder (Zentraler Platz), Rostock (Interhotel Warnow und Haus der Gewerkschaften), Gera (Platz der Republik), Jena (Universitätshochhaus), Magdeburg (Karl-Marx-Straße), Neubrandenburg (Karl-Marx-Platz), Suhl (Warenhaus, Stadthalle, Wilhelm-Pieck-Straße) und Dessau (Zentraler Platz) geschaffen. Das im Krieg nahezu total zerstörte Stadtzentrum von Karl-Marx-Stadt wurde als zusammenhängende Folge erlebnisreicher städtebaulicher Räume und Ensembles neu gestaltet (Karl-Marx-Platz, Stadthalle, Interhotel Kongreß, Straße der Nationen, Rosenhof); dabei wurde zugleich das Verkehrsnetz den modernen Ansprüchen des Stadtverkehrs entsprechend neu geplant und schrittweise realisiert.

Große Mühe wird darauf verwendet, kulturhistorisch wertvolle und städtebaulich bedeutende Straßen, Plätze und Einzelgebäude sorgfältig zu erhalten, zu pflegen und den heutigen Lebensansprüchen gemäß nutzbar zu machen. So haben in den siebziger Jahren zahlreiche innerstädtische Bereiche, Straßen und Plätze eine Umgestaltung zu attraktiven Fußgängerzonen erfahren. Zu den bekanntesten bisher fertiggestellten Beispielen gehören die Klement-Gottwald-Straße in Halle, die Kröpeliner Straße in Rostock, der Anger in Erfurt, die Klement-Gottwald-Straße in Potsdam, die Spremberger Straße in Cottbus, der Steinweg in Suhl, der Bereich Hermann-Matern-Straße/Puschkinstraße/Markt/

Schlachtermarkt in Schwerin und der Brühl in Karl-Marx-Stadt. Darüber hinaus wurden interessante, abwechslungsreich gestaltete Fußgängerbereiche aber auch in vielen Kreisstädten geschaffen, z. B. in Wismar, Stralsund, Güstrow, Luckenwalde, Zeitz, Sömmerda, Gotha und Weimar. Mehr als hundert Städte, darunter zahlreiche Mittel- und Kleinstädte, planen oder beabsichtigen, die langfristige Umgestaltung und Erneuerung ihrer Stadtzentren schrittweise entsprechend den Möglichkeiten mit der Einrichtung von Fußgängerzonen zu verbinden.

Die historisch entstandenen, oft bereits aus dem Mittelalter stammenden Straßen- und Platzfolgen der Altstädte erreichen auf diese Weise, wie die realisierten Beispiele beweisen, eine bedeutend gewachsene Ausstrahlung, werden funktionell, sozial und gestalterisch aufgewertet und erfahren so eine dialektische »Aufhebung« des Vergangenen in Gegenwart und Zukunft.

Sind für die beginnenden achtziger Jahre noch eine Reihe großer und sehr großer neuer Wohngebiete am Rande der Städte typisch, wie Berlin-Marzahn (100000 Einwohner), Leipzig-Grünau (95000 Einwohner) und Karl-Marx-Stadt Fritz Heckert (90000 Einwohner), so werden sich in den folgenden Jahren die Standorte des Wohnungsneubaus immer stärker in innerstädtische Bereiche verlagern, so daß unsere Stadtgebiete zunehmend intensiver genutzt werden können und eine Inanspruchnahme wertvoller landwirtschaftlicher Nutzflächen immer weniger erforderlich wird. Wie sich bereits heute zeigt, stellt jedoch das Bauen in diesen innerstädtischen Bereichen mit ihrem hohen Anteil erhaltenswerter Altbausubstanz und ihren komplizierten Erschließungsbedingungen künftig weitaus höhere, spezifische Anforderungen an das industrielle Bauen. Zur Erprobung effektiver Lösungen werden deshalb gegenwärtig in einer Reihe von Städten komplexe Umgestaltungsvorhaben durchgeführt, so in Greifswald, Bernau, Schwerin, Merseburg und anderen Städten. Kennzeichen dieser Vorhaben ist dabei das, was in der DDR für die achtziger und neunziger Jahre typisch werden muß: eine enge Verflechtung von Neubau, Modernisierung und Werterhaltung, eine enge Verbindung des Neuen mit dem Bestehenden, eine sinnvolle Bewahrung des in Jahrhunderten entstandenen baulichen Erbes unseres Landes bei gleichzeitiger Bereicherung und Vervollkommnung durch neue Straßen und Plätze, die sichtbarer Ausdruck unserer Zeit und unserer sozialistischen Gesellschaft sind.

◁ Rostock. Ernst-Thälmann-Platz

Stadtzentrum Frankfurt (Oder)

Dresden. Neubauwohngebiet Prohlis, im Bau

Thüringer Landschaft

Wittenberge ▷

Gera. Marktplatz

Gera. Straße der Republik, Interhotel Gera

Jena. Universitätshochhaus und Markt

Dresden. Katholische Hofkirche am Theaterplatz

Quadrat

Bautzen. Hauptmarkt und Fleischmarkt

Hauptstadt der DDR, Berlin. Bereich am Fernsehturm ▷

Warnemünde. Alter Strom

Leipzig. Friedrich-Engels-Platz und Tröndlinring

Halle-Neustadt.

Dornburg. Ortskern

Potsdam. Lange Brücke

Perleberg. Marktplatz

Dresden. Neumarkt und Theaterplatz

Dresden. Fußgängerbereich Prager Straße

Dresden. Verkehrsknoten am Hauptbahnhof

Dresden. Platz der Einheit ▷

Zwickau. Hauptmarkt

Halle (Saale). Stadtzentrum mit der Marienkirche und dem Roten Turm

Güstrow. Marktplatz mit Rathaus und Pfarrkirche

Magdeburg. Zentraler Platz Karl-Marx-Straße, Wilhelm-Pieck-Allee

Hauptstadt der DDR, Berlin. Alexanderplatz ▷

OTEL STADT BERLIN
CENTRUM

Putbus auf Rügen

Leipzig. Georgiring und Schwanenteich am neuen Opernhaus

Wernigerode. Schloß (Feudalmuseum)

Warnemünde. Alter Strom

Erfurt. Internationale Gartenbauausstellung

Erfurt. Juri-Gagarin-Ring und Interhotel Kosmos ▷

Wochenendsiedlung

Parkplatz

Park Sanssouci. Große Fontäne

Meißen. Markt und Frauenkirche

Schwerin. Schloßinsel

Meißen. Albrechtsburg und Dom

Landschaft aus dreitausend Meter Höhe ▷

◁ Bergtheater Thale

Lutherstadt Wittenberg. Stadtkern und Schloßkirche

Stolpen, Bezirk Dresden. Marktplatz, Burg

Messestadt Leipzig. Stadtzentrum ▷

Verlag und Autoren danken besonders dem Institut für Städtebau und Architektur der Bauakademie der DDR, Direktor Prof. Dr.-Ing. Ule Lammert, für die organisatorische und fachliche Unterstützung und die enge Zusammenarbeit beim Entstehen dieses Buches. Besonderer Dank gilt den Flugkapitänen und Kommandanten der Interflug, Roland Priebus, Günter Koppehele und Günter Krönert, die mit sehr viel Verständnis, häufig unter großen Schwierigkeiten, wesentlich zum Gelingen der Luftaufnahmen beigetragen haben. Ebenfalls Frau Waltraut Teschner, in deren Händen die Koordinierung der Flüge lag.

Dresden. Zwinger

2. Auflage 1984 · Lizenzausgabe für den Gondrom Verlag, Bayreuth

Luftbildfotografie: Lothar Willmann, Text: Werner Rietdorf/Horst Baeseler
Graphische Gestaltung: Sonja und Gert Wunderlich, Leipzig
Printed in the German Democratic Republic
Die Freigabe des Bildmaterials erfolgte unter der Nr. ZLB/L – 0574/81

ISBN 3-8112-0363-0